直播修炼手册：主播IP打造＋营销运营＋商业变现

柏承能　编著

清华大学出版社
北京

内 容 简 介

本书是一本直播修炼宝典，从主播的IP打造到营销推广、整体的运营，再到实现商业变现，从三条线进行专业讲解。

一是主播IP打造线，如何从零开始，从无到有，从寻找、挖掘、培养主播IP，到一夜成名，举国皆知，并进行高价值的培育和开发。

二是营销运营线，人物好培养，难在营销，同一个人物在不同的平台，粉丝数量可能有天壤之别，如何运营平台、如何推广是重中之重。

三是商业变现线，这是起点也是目的，书中总结了直播行业的十多种盈利模式，如虚拟货币、广告收入、礼物打赏、游戏联运、会员订阅、电子商务、赛事竞猜、电商运营等。

本书适合于网络直播平台从业者、网络主播以及对直播、主播、网红感兴趣的个人和企业阅读，同时适合内容创业者、互联网创业者、新媒体从业者、公众平台运营者、企业经营者、营销人员等阅读。

图书在版编目（CIP）数据

直播修炼手册：主播IP打造+营销运营+商业变现 / 柏承能编著. —北京：清华大学出版社，2018(2020.4重印)

    ISBN 978-7-302-49377-8

Ⅰ. ①直… Ⅱ. ①柏… Ⅲ. ①网络营销 Ⅳ. ①F713.365.2

中国版本图书馆CIP数据核字（2018）第014919号

责任编辑：杨作梅
装帧设计：杨玉兰
责任校对：张彦彬
责任印制：沈　露

出版发行：清华大学出版社
    网　　　址：http://www.tup.com.cn, http://www.wqbook.com
    地　　　址：北京清华大学学研大厦A座　　　邮　　编：100084
    社 总 机：010-62770175　　　邮　　购：010-62786544
    投稿与读者服务：010-62776969, c-service@tup.tsinghua.edu.cn
    质量反馈：010-62772015, zhiliang@tup.tsinghua.edu.cn
印 装 者：涿州汇美亿浓印刷有限公司
经　　销：全国新华书店
开　　本：170mm×240mm　　　印　　张：16.5　　　字　　数：314千字
版　　次：2018年4月第1版　　　印　　次：2020年4月第4次印刷
定　　价：59.80元

产品编号：075606-01

随着互联网技术日新月异的发展，我们走进了全民直播的时代，直播的潜力无穷无尽，从它的萌生、发展到火爆，仅仅经历了几年的时间。

目前，直播平台的用户已经超过了 2 亿，主要用户年龄为 15 ~ 30 岁。对于直播的发展，各家机构就 2020 年直播市场，给出了不同的预测数据：方正证券预测 2020 年直播市场将达到 600 亿元，华创证券更是给出了 1060 亿元的乐观预测。从这些数据我们可以看出，直播已成为大势所趋。

随着直播逐渐渗入我们的生活，很多人开始关注直播，而如何打造直播、培育主播、营销运营也自然而然地成了很多人关注的热点问题，本书旨在从这三个方面给大家提供诸多有用的技巧。本书的内容全面，结构清晰，语言简洁。对于本书的内容，可以用一张图展示给大家，供大家参考。

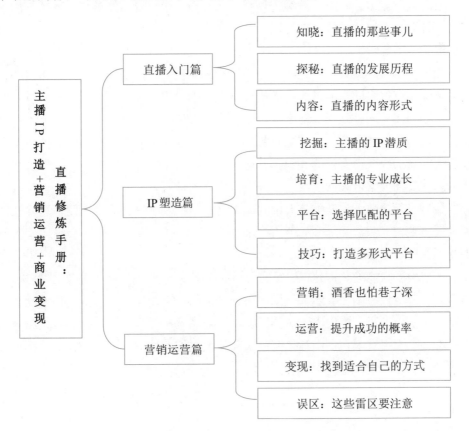

编者认为，讲解知识要有清晰的结构和丰富的实例，不然只会让读者一头雾水。本书在介绍直播的相关知识时，就从直播的含义、特征、形式等基础知识谈起，然后介绍实用性的技巧。

本书主要是从三个部分进行直播的"修炼"，一是直播入门，即直播的定义、特征、发展历程以及内容形式等基础知识；二是 IP 塑造，也就是主播的培育和平台的打造；三是营销运营，主要介绍怎么利用直播变现和怎么避免走进直播的误区。因此本书的读者是对直播的知识、品牌的营销、商业的变现感兴趣的人。而编者希望能够提供的价值则有以下几点。

一是更接地气：同类书讲发展大势的多，而本书则从实用角度，详细介绍有实操性的内容，如主播 IP 具体应该怎么打造，引流营销具体步骤如何，团队应该怎么运营和管理等。

二是更重变现：紧扣直播创业者、运营者的痛点和难点，不仅讲方法，更讲盈利技巧，书中总结了十多种经典的直播盈利模式，帮助大家尽快实现盈利！

三是实例更多：紧跟直播潮流热点，从直播平台、直播的类型、直播的内容形式、直播的营销模式等角度出发，介绍丰富的实际案例，旨在帮助大家从实例中获取更多的经验。

此外，本书的最大特色还在于提供了十分完整的直播基础知识和运营技巧，市面上虽然有很多同类的讲解直播相关知识的书，但内容不太全面，要么就是只谈到直播的相关理论知识，要么就是专门介绍营销运营。因此，本书将两者结合起来，理论和技巧融为一体，既有基础知识的介绍，也有实用技巧的教授，旨在帮助大家从书中获得有效的知识，并运用于实践之中。同时，在这里，笔者也希望本书能够为大家带来一次系统、全面、高效的学习体验。

最后当然希望大家能够将书中的知识全部学会、学透，为己所用，这样在涉足直播行业时，就会更加得心应手，而对于 IP 打造、直播变现、营销运营自然也就不在话下了。

本书由柏承能编著，参与编写的人员还有罗嘉蕾、刘胜璋、刘向东、刘松异、刘伟、卢博、周旭阳、袁淑敏、谭中阳、杨端阳、李四华、王力健、柏承能、刘桂花、柏松、谭贤、谭俊杰、徐茜、刘嫔、苏高、柏慧等人，在此表示感谢。由于作者知识水平有限，书中难免有错误和疏漏之处，恳请广大读者批评、指正，联系微信号：157075539。

编　者

目录

目录

第 5 章 培育：主播的专业成长................107

目录

第1章

知晓：直播的那些事儿

学前提示

随着手机、平板电脑等移动智能终端的普及，主要依托于移动终端的直播开始进入了人们的视野。凭借着庞大的网民基数，直播势必会变得更加火热，本节将对直播的含义及相关特征、种类、潜力进行详细的介绍与讲解。

要点展示

▶ 含义：全面解读直播

▶ 特征：轻松玩转直播

▶ 优势：不断拓展延伸

▶ 种类：具有多种形式

▶ 助力：直播不断攀升

▶ 融资：支撑直播发展

1.1　含义：全面解读直播

随着互联网技术日新月异的发展，各式各样的直播平台犹如雨后春笋般兴起。同时，越来越多的网民也开始接触直播。各大商业"巨头"也都瞄准了这一具有无限潜力的商机，相继推出了直播平台。图 1-1 所示为广大年轻群体所熟知的社交软件陌陌，就是直接将直播板块放在了官网的首页，其对直播的重视程度可见一斑。

那么，直播是什么？直播的概念比较复杂，针对目前新兴的网络直播而言，它是一种即时性、直观性、互动性较强的媒体平台，充分展示了网络媒体的优势。虽然每个人都在享受直播带来的娱乐享受，但它究竟代表了什么？层出不穷的直播平台为什么会相继成功？为什么如此多的公司将营销与直播相结合呢？

图 1-1　陌陌官网

1.1.1　视频社交：更加鲜活、直接的社交模式

在社交平台稳步发展的今天，微信、微博、QQ 已经渐渐不能满足人们的社交需求，在这时，直播社交走入了人们的视野之中，从过去的文字、图片、语音、小视频等社交模式可以看出，这些被时间、空间限制的互动已慢慢被用户所厌倦，用户期待更加鲜活、直接的社交模式，于是，视频社交应运而生。如图 1-2 所示为微信中的小视频功能。

在视频直播平台之中，用户与主播、用户与用户更易拉近距离，其相互交流也更加不设限制，时间和互动方式更为自由和灵活。例如，以前想要快速成为明星只能通过电视选秀比赛才能达到目的，如大型选秀类节目快乐男声等。而现如今，普通人想要一夜成名只需要一个摄像头和一个直播平台。因此，许多"草根"

通过直播平台摇身一变，成为受到众多粉丝追捧的主播，其火热程度完全不亚于娱乐圈的明星歌手。

图1-2　微信中的小视频界面

视频直播的成名率很高，门槛相对而言较低，其带来的经济回报也是相当可观的。视频社交的特色就在于用户可以通过弹幕（见图1-3）的方式与自己喜欢的主播进行实时的沟通交流，而微信、微博这些以文字、图片为信息的社交平台无法做到这一点。再加上国内信息网络的迅速发展，WIFI、4G网络的普及，使视频直播更容易实现，并随时随地可以进行。可以看出，直播平台顺应了时代的社交趋势，并不断向前发展。

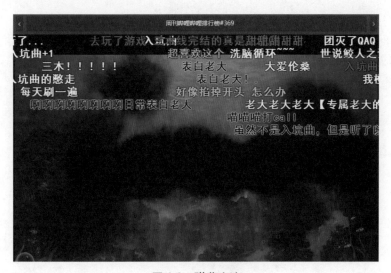

图1-3　弹幕交流

1.1.2 娱乐营销：前卫、与众不同的营销方式

直播除了是一种前卫的社交模式之外，它还是一种与众不同的娱乐营销方式。对于个人来讲，直播是可以把自己推广出去，成为明星、红人的一个绝佳平台，而对于公司而言，它是一种推销产品、赚取利润的全新营销方式。随着人们消费观念的转变，越来越多的人开始倾向于娱乐消费。

面对这样一个现状，企业也需要改变相应的营销方式，恰当地利用直播这种具有高效益的娱乐营销方式，从而打造出一种适合自身产品的营销模式。

例如，《良品青年相对论》这款真人秀直播节目就是魅族联合各大直播平台，如熊猫 TV、斗鱼 TV、哔哩哔哩动画等，为了将自己的产品推销给年轻人群而精心打造的娱乐文化盛宴。它的成功之处就体现在以娱乐为切入点，将科技、文化、电影、艺术等各个领域最热门、最前卫、最有意思的内容都巧妙地结合起来，不仅吸引了广大网友的关注，也在无形之中增加了魅族的热度。

同时，瞬息洞察时代潮流的魅族还懂得利用名人效应，采用了"娱乐＋直播"的营销组合方式将热门话题与名人联系起来，从而吸引大量用户的关注。例如，欧洲杯期间，魅族邀请知名人士参与《良品青年相对论》话题，主要是针对欧洲杯进行与以往截然不同的娱乐营销直播。而事实也证明，这种焕然一新的营销模式更容易被广大用户及消费者所接受，其产生的经济效益也是不可估量的。

1.1.3 信息传播：直观、新颖的信息传递媒介

直播是一种更加直观的信息传递媒介，主要通过播报这个世界正在发生的事情来完成信息传播的过程。可以说，它是较传统媒介内容更为浓缩、形式更加新颖的一个全新的平台，传统媒介的含义如图 1-4 所示。

图 1-4　传统媒介的含义

直播平台的优势在于：它能以用户自创的内容为中心，使人与人相关联、人与价值内容相联系、人与商业活动相关联，甚至形成一个能盈利、创造更多价值的互联网商业形态。

直播之所以能取代传统媒介成为当下最火爆的媒介，主要是因为它能够让用户与之进行直接互动，在很大程度上提高了用户的参与度。如图 1-5 所示为 2016年 7 月 8 日上映的科幻动画片《大鱼海棠》。宣传工作是一部电影的重中之重，而直播这种新型的信息传播方式恰好弥补了过去那些媒介的不足，如电视广告、预告片、电影发布会等。

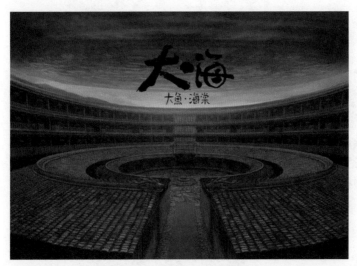

图 1-5　《大鱼海棠》电影

虽然这些媒介也发挥了一定的作用，但直播平台让营销方式变得更加多样化，激发了广大网友的兴趣，对电影票房的大卖起到了推波助澜的作用。

如图 1-6 所示为美拍直播平台中关于《大鱼海棠》主题曲的相关活动，通过一种互动的形式既推广了电影主题曲，提升了电影知名度，同时又让用户们参与了主题曲的翻唱、改编等各种各样形式的活动。一时间，《大鱼海棠》的主题曲红遍了美拍，也吸引了无数人前去观看这部影片。

图 1-6 美拍中《大鱼海棠》主题曲的相关活动

不容置疑的是，直播这种新颖的信息传播方式做到了盈利、娱乐两不误，极大地丰富了以往的媒介内涵，为信息媒介的发展作出了不可磨灭的贡献。

1.2 特征：轻松玩转直播

直播也正如世界上所有的事物一样，拥有自己独一无二的特征。想要了解和玩转直播，知道它的特征是重要前提。无论你是对直播一无所知的刚入门者，还是已经踏入直播界的老手，都应对直播的特征有一个整体的认识。本节具体介绍直播的三大特征。

1.2.1 移动直播：摇身成"宠儿"

直播的一大特征是移动化。走在街头，专心致志盯着手机的年轻人随处可见，使用手机观看直播视频，缓解生活带来的压力，是年轻群体选择的独有的娱乐方式。这正符合了年轻人的社交需求，可以说，移动设备的便捷性促进了直播移动化时代的到来。

如图1-7所示为中国互联网络信息中心发布的《第39次中国互联网统计报告》中提到的中国网民规模和互联网普及率。

图1-7　中国网民规模和互联网普及率

▶ 专家提醒

　　2017 年，中国互联网络信息中心 (CNNIC) 发布的《第 39 次中国互联网发展状况统计报告》中指出，截至 2016 年 12 月，中国网民人数再创新高，规模高达 7.31 亿，网络普及率达 53.2%，较 2015 年有所提高。其中，手机网民规模持续增长，比例占 95.1%。同时，无线网络的普及率也继续上升，和 4G 网络的发展齐头并进。

　　这种直播移动化除了在国内掀起了一股热潮，在国外，各大社交软件同样也对移动直播青睐有加，纷纷出资大力建设直播平台。如图 1-8 所示为 Facebook 旗下最大的图片社交软件 Instagram 推出的实时直播功能。Snapchat 很早就拥有了自己的直播平台，并利用其进行商业营销。谷歌也在 Youtubu 平台上推出了自己的手机现场直播功能。这些数据和实例证明，移动直播已经成为大势所趋，这个时代属于移动直播的时代。

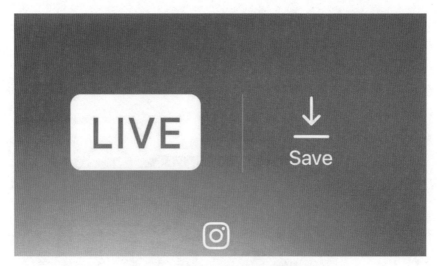

图 1-8　Instagram 的实时直播功能

1.2.2　平台直播：渗入人心

直播的第二个特征为平台化。这个特征的来源可以追溯到互联网的平台化，随着互联网慢慢渗透人类的日常生活，我们应该都有一个共同的感受，那就是我们的生活已经和网络"难舍难分"了。而互联网对我们的影响，在今后还将会越来越大。

互联网的平台化，就是我们借助互联网这个媒介去搜寻资源、整理信息以及深度利用开发各种信息资源，简而言之，互联网就是获取信息和为完成目标和任务而助力的工具。

我们有什么问题都会找"度娘"，这个"度娘"就是给我们解决问题、提供援助的平台。那么，直播的平台化也是一样，即直播是一个集合了很多资源、很多信息的综合区域，它的独特之处就在于它既能让用户从中得到娱乐享受，又能使平台方获取一定的利益。

今天，视频直播还为广大普通人提供了展现个人魅力的绝佳平台，直播的平台化前景一片大好。利用网络直播这个平台，人气高的主播可以实现人生价值，并进行商业营销，获得平台经济变现。

如图 1-9 所示为主播在平台上直播打游戏。对主播来说，直播可以获得认可和利益；而对商家来说，则可以通过平台赚取更多的利润。此外，明星也会借助直播平台与商家企业达成合作，从而拉近与粉丝的距离并提升人气。

图 1-9　直播手游

1.2.3　社区发展：直播齐聚集

直播的第三个特征为社区化。直播的社区化，通俗地讲，就是一群人基于共同的兴趣爱好而聚集在一起。但其与一般的社交区别就在于，这个聚集平台会产生经济效益，用户价值与平台价值都会借此得到提升。试想，一群拥有相同兴趣爱好和价值观的人聚集在一起进行实时交互，是多么快乐的事情，没有时间和空间的限制，只需一个移动设备，就可以利用直播平台找到自己的"组织"。

如图 1-10 所示为虎牙直播的分类。从分类可以看出，网民根据自己的喜好进入不同的板块进行浏览，从而汇聚成规模不等的群体。如网游竞技中的"英雄联盟"，聚集的便是对其充满兴趣的网民，直播的分类为拥有相同兴趣爱好的网民提供了更为精确的分享平台，同时也营造了良好的社区氛围。

不光是虎牙直播，各大直播平台都会对直播的内容进行精细的分类，以方便用户迅速找到自己感兴趣的内容，进而找到属于自己的组织，用户的聚集为直播的社区化贡献了不可磨灭的力量。从而也给直播平台带来更多的用户和点击量，最终获得巨大收益。

▶ **专家提醒**

在社区化直播之中，主播和用户的互动十分灵活，这是一种双向交流。用户在接受信息的同时也在创造信息，而且，这样社区化的直播也可以让用户和主播在互动的过程中形成一个整体，两者以及两者的共同活动反过来又能不断完善这个直播社区。

图 1-10　虎牙直播的分类

1.3　优势：不断拓展延伸

在智能手机和 PC 不断发展的当下，直播的影响力与日俱增，在载体、内容、形式等方方面面都改变了不少。网络直播的潜力深不可测，与传统电视直播相比，它的传播方向更全面，收看地点、时间更自由，成本价格更低廉，设备需求更低。它的优势主要体现在：顺应互联网的发展潮流，符合大众的需求，形式多样。

1.3.1　功能：即时互动

2017 年 5 月 23 日 10 点 30 分，一场激动人心的人机对赛让人们期待不已，当今世界围棋第一人柯洁迎战谷歌"阿尔法"，如图 1-11 所示。

最后的对决

图 1-11　柯洁对战谷歌"阿尔法"

这场比赛在赛前就吸引了全世界的目光，各大平台当然不会错过这个机会，如 Youtube 和谷歌就对这场举世瞩目的赛事进行了全程直播，用户在观看比赛的同时也进行了交流和互动，直播的即时互动功能让用户仿佛亲临比赛现场。

互联网的发展与直播的发展是分不开的，随着互联网对人类生活的不断渗透和影响，直播也会吸引更多的用户，从而影响和改变我们的生活方式。直播用户规模的扩大，有赖于视频直播技术的不断进步和完善，当然，这也说明直播的潜在市场还很宽广，不要犹豫，不要错过大好时机，只要热爱，就加入直播行列吧！

1.3.2　价值：草根之"光"

一首《我的心里只要你没有他》让李宇春在 2005 年红遍了大江南北，家喻户晓，从此，她从一个普普通通的女生变成了拥有无数粉丝的明星。李宇春的成功让很多人羡慕，也让众多草根们纷纷燃起了希望。当然，她的逆袭与"超级女声"这个选秀平台也是分不开的。而如今，网络直播平台也给草根提供了展现自我价值的舞台，越来越多的人加入了直播，坚定自己的追梦赤子心。

除了实现人生价值，网络直播还可以帮助草根带来不可小觑的经济效益，这也是吸引草根们都纷纷涌入直播行列的重要因素之一。草根们一方面可以将自己的一技之长变现，且不需要很多资金投入，门槛又较低；另一方面可以进行知识分享，找到自己的圈子，进行交流与探讨，获得精神享受。例如，papi 酱就是从草根变为网络红人的一个典型例子，但值得注意的是，她的视频大部分都充满正能量和自己的独到见解，其创新精神值得广大草根们学习。如图 1-12 所示为 papi 酱在高考日原创的短视频。

图 1-12　papi 酱原创视频

随着网络直播的深入发展，直播内容也向多方面拓展，不仅有生活、搞笑，还有游戏、秀场、体育等。但与此同时，网络平台上也充斥着很多粗俗、低级甚至暴力、淫秽的内容，因此，主播的道德素质急需提升，同时还要加强直播行业的规范制度。草根们想要在直播平台持续生存，就必须遵守行业规范，自觉约束自身。我们呼吁建设一个健康的互联网世界，直播平台想要蓬勃发展，也应建立严格的规章制度，当然，草根也要树立时代的价值观，这样才能真正实现自身的价值。

1.4 种类：具有多种形式

直播的形式各式各样，层出不穷，比较常见的形式有秀场直播，活动直播、游戏直播、体育直播、生活直播、教育直播。本节详细介绍直播的不同类别。

1.4.1 秀场直播：才艺之秀

秀场直播，顾名思义就是通过直播来展现自己，秀自己。在过去，想成为明星要经过重重筛选，还得有资金和粉丝支持，一般而言会比较困难。而如今，有了众多直播平台，只需要开通一个直播号，拥有一台电视或一部手机就可以推广自己，只要你有真才实学，就能获得他人的关注。

如图 1-13 所示为来疯比较著名的秀场直播平台的秀场直播广场。从图 1-13中可以看出，各式各样的才艺都有，如果你没有才艺，也没关系，只要你能展示出自己的独特之处就行。

图 1-13　来疯的秀场直播广场

这样的秀场直播既灵活，门槛又较低。只要有梦想的年轻人都可以通过这个平台去努力，有的甚至能够赚取丰厚的利润，成为网络中的"小明星"。

1.4.2　活动直播：企业销售

活动直播主要是针对公司。比如，某个公司要推出一款新的产品或举办一场大型的销售活动，这个时候直播就起到了一个提供平台的作用。很多对企业发布会及其发布内容感兴趣的用户只需要打开手机就能看到企业的活动，这样的宣传途径是前所未有的。

例如，2016 年 7 月 19 日，根据人气小说改编的悬疑网剧《十宗罪》举办了一场别开生面的发布会，因为它与优酷直播合作，让用户与主演进行了实时互动，解答观看直播用户的问题，同时也向主演们传达了用户的期盼。

这场网剧发布会取得的宣传效果是其他发布会无法比拟的，不仅如此，还让用户在直播中拉近了与明星的距离。从中可以看出，活动直播能够为企业或娱乐界带来人流，并起到良好的营销宣传作用。

1.4.3　体育直播：实时赛事

体育直播指的是体育赛事的实时播报，可以说是一种比较成熟的直播类型，同时也是我们耳熟能详的直播方式。在体育直播中，与其他的直播形式相似，用户可以通过发弹幕的方式支持自己喜欢的队，还可以跟讲解赛事的主播互动，给主播送礼物、红包等。如图 1-14 所示为章鱼 TV 直播中的羽毛球直播节目。

图 1-14　中国台北公开赛 1/16

体育直播有很大的潜力，尤其是在直播一些关注度高的体育赛事时，例如世界杯、奥运会等，用户的数量会上涨至几百万甚至几千万，这也是体育竞技的魅力所在，因此体育直播才会一直保持着良好的口碑。

1.4.4　游戏直播：竞技盈利

　　游戏直播在这几年发展的速度之快令人咋舌，这也跟游戏的爆热密不可分。游戏直播的性质跟体育直播有几分相似，不过是竞技的场所从运动场转移到了电脑面前。游戏玩家借助直播平台可以找到自己志同道合的小伙伴，最方便的是可以交流竞技经验，互相学习游戏技巧，从中获得精神享受。游戏直播让玩游戏从比较单一的竞技活动变成了实时交互的社交活动。游戏直播平台中，比较知名的有斗鱼直播、虎牙直播、熊猫直播、战旗直播等。如图 1-15 所示为虎牙游戏直播的界面，可以看到满屏都是游戏直播的信息，而且界面左侧还对游戏进行了比较详细的分类。

图 1-15　虎牙游戏直播的界面

　　随手点进一个直播间，我们可以看到一位游戏主播正在边打游戏边与用户进行互动，互动期间，用户还会给她送礼物，如图 1-16 所示。

图 1-16　拥有 60 多万直播用户关注的游戏直播玩家

游戏直播是一种营利性很大的直播形式，很多人气高的游戏主播月收入上万元，同时也反映了游戏时代的真实现状。

1.4.5　生活直播：与人分享

生活直播的意思就是用户通过手机下载直播软件来进行个人日常生活的直播。这种直播不受时间、地点的限制，走到哪里直播到哪里。生活直播最大的特点就是与人分享生活点滴。

对于"90后"女孩谭洁来说，吃饭、逛街、坐公交、买衣服等日常生活内容都成为她主要的直播内容。谭洁用自拍杆举着手机直播自己的日常生活，如图 1-17 所示，并以此俘获了 3 万多人在线观看她的直播。

图 1-17　谭洁的直播内容就是自己的日常生活

在直播过程中，谭洁注意到网民们非常喜欢正能量的内容。毫无疑问，正能量是新时代下最有效的一种生活态度，也可以"爱"为名义、以"奋斗"为目标，这些都能与粉丝产生精神上的共鸣。这种移动直播已成为传递正能量的有效途径，是直播发展的正确方向。

1.4.6　教育直播：经久不衰

教育直播是一种比较传统的直播形式。当然，面对时代的发展，它也作出了一些改变和发展以在直播行业占据自己的市场。毕竟，教育是长盛不衰的。早在2000 年，新东方就推出了直播课堂，并一直在业界保持着良好的口碑与势头。除了老牌培训机构新东方之外，如今还有很多直播平台看准了教育直播的市场潜力，如图 1-18 所示为知名的教育培训机构学而思的教育直播主页。

图 1-18　学而思教育直播主页

教育直播不仅可以实现远程教育的功能，让学习变得更加便捷，同时还弥补了教育资源分布不均的缺陷，在一定程度上有效地促进了教育公平的实现。

1.5　助力：直播不断攀升

视频直播之所以走上"火爆"之路，离不开外部条件的支持和帮助。其本身的娱乐性是一大推动力，同时，视频直播的火爆还与科学技术的发展密不可分，没有互联网和电子移动设备的迅速发展，视频直播也不会如此火爆。最重要的还有资本的大力支持，人们之所以想要跻身于视频直播的行列之中，最实在的还是赚取经济利益。总的来说，视频直播的发展和流行离不开资本、技术、娱乐性的助推。

1.5.1　技术：日益先进

直播技术一直都在不断更新，从最初的语音交流到后来的弹幕、视频实时交流，再到如今的 VR 直播，直播一步一步向前发展，试想如果没有技术的大力支持，又何来今天的无障碍交流互动呢？

YY 语音是最早的直播平台，如图 1-19 所示为 YY 语音的官网界面。这款软件最初是为广大网游用户量身定做的，因为网游需要团队合作，于是语音交流变得流行起来。随着社会的进步，有部分用户开始在这个平台上聊天、唱歌等，YY 语音渐渐地就不再是游戏用户的专属软件了。正因为这样的趋势变化，很多用户也发现了语音交流的不足，于是人们渴求更直观的交流与互动，在直播中寻求生活的乐趣。

图 1-19　YY 语音的官网

　　在这个时候，YY 凭借着技术优势和敏锐的商业头脑，在 YY 语音的平台基础上推出了全新视频直播 YY LIVE。如图 1-20 所示为 YY LIVE 的直播界面。

图 1-20　YY LIVE 的直播界面

　　在这个网络直播平台中，用户可以通过弹幕与主播、其他用户进行交流互动，这样的互动极大地提高了用户的参与度，让用户不再是单纯的观看者，而是身在其中的参与者，与整个直播平台构成了一个整体。而这些，都有赖于视频技术的蓬勃发展，使时空限制不再是阻碍，人与人的交流更加便捷。另外，在现实生活中不擅长与他人交往的用户可以借直播平台提升自己的交流能力，以送礼物、发弹幕的方式参与到社交之中。

在这个全民娱乐的时代，发弹幕互动已经远远不能满足用户的社交需求了。这种"不满足"激发了人类智慧的无穷潜能，促进了技术的不断进步。为了让用户更好地参与其中，产生身临其境的感受，VR 技术给直播注入了新鲜的血液，让用户更加喜爱直播，并吸引越来越多的用户加入直播行列。如图 1-21 所示为我国首家能做 VR 商业直播的平台。

图 1-21　微吼 VR 直播

正是由于这些不断更新完善的技术，才让直播越来越炙手可热，成为现在被各界关注的璀璨明星。

1.5.2　状态：互娱共生

互娱共生，通俗地说就是一个两全齐美的策略，与国家提倡的"互利共赢"有异曲同工之妙。直播提供一个平台，用户从中获得娱乐享受，平台方从创造娱乐的过程中获取经济效益，二者的双向互动形成了一种巧妙的状态，即互娱共生。

例如，首个提出"泛娱乐"概念的腾讯便涉足多个娱乐领域，其互动娱乐包含的内容如图 1-22 所示。

看到腾讯的"泛娱乐"战略取得了意想不到的巨大成功，各大行业也纷纷投身于"泛娱乐"布局，全民娱乐开始在时代的舞台上崭露头角。不计其数的用户被直播的魅力"圈粉"，其最大的原因是网络直播无与伦比的娱乐性。

用户在观看网络直播得到精神享受的同时，也在创造经济利益回馈给直播平台，主播在实现自身价值的同时也获取了一定的经济回报，可以说这是一件"众乐乐"的美事，所以，网络直播的火热自然也在情理之中。

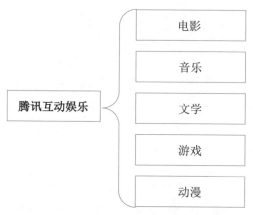

图 1-22　腾讯互动娱乐的内容

1.5.3　局势：百花齐放

早在互联网初期，直播就开始崭露头角。例如，早期的以秀场直播为模式的 9158 视频社区，再到后来的以语音聊天为主的 YY。

据悉，YY 客户端已经吸引了 4.005 亿用户，最高并发用户人数达到 1000 万人左右，最高月度活跃用户人数达到 7050 万人左右。随着直播的火热，游戏也以直播的形态出现，而在所有的互联网产品中，游戏的用户黏性最强。因此，游戏直播一时间受到广大互联网用户的关注，DOTA2、LOL（英雄联盟）等竞技游戏的诞生更为游戏直播带来了"新鲜的血液"。如图 1-23 所示为斗鱼 TV 的英雄联盟直播。

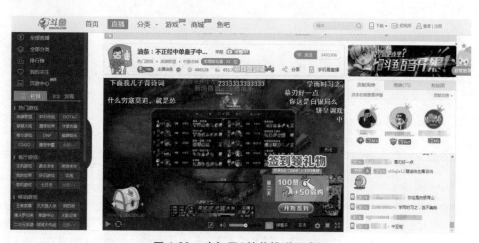

图 1-23　斗鱼 TV 的英雄联盟直播

后来又出现了一些垂直游戏直播平台，如熊猫 TV、全民 TV、龙珠 TV 等。这些新的游戏直播平台改变了玩家和游戏之间的互动方式，他们不再是自己玩或者组队玩，而是大家一起观看明星名人玩游戏的过程，同时还可以进行互动交流。

顺应这股直播潮流，国内诞生了映客、花椒等一大批全民直播平台，与游戏直播相比，全民直播平台有点类似移动版的秀场模式。如图 1-24 所示为全民直播平台的主要格局和特点。

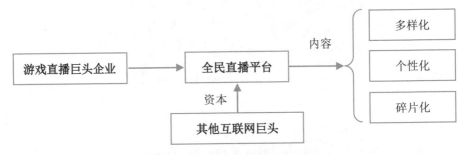

图 1-24　全民直播平台的格局与特点

1.6　融资：支撑直播发展

如今，新媒体平台已经不能满足互联网内容的需求，很多独特的内容创业者开始寻找新的渠道来展示内容，其中直播平台被他们看中，成为火热的内容平台。互联网巨头们也从中看到了更多的商机和盈利模式，或投资或自主开发，纷纷涌入直播平台领域，期待在其中"杀出"一片"新天地"。

1.6.1　资本投入：坚实根基

2017 年 5 月 25 日，熊猫直播宣布，已经获得 10 亿元人民币 B 轮融资。本轮投资由兴业证券兴证资本领投，汉富资本、沃肯资本、光源资本等相继跟投。直播行业的火热吸引众多资本以大手笔"砸钱"，如斗鱼背后有腾讯的鼎力支持，龙珠有苏宁为其撑腰，虎牙直播于 2017 年 5 月 17 日融资 7500 万美元，背后有欢聚时代坐镇。

▶ 专家提醒

　　2017 年 6 月 5 日，艾媒资讯发布的《2017Q1 中国在线直播市场研究报告》显示，预计 2017 年用户规模将达到 3.92 亿，这意味着直播市场行情仍然还有很大的潜力，面对如此大的诱惑，直播能吸引数不胜数的资本投入也就不难理解了。

如表 1-1 所示为五大直播平台的融资状况。

表 1-1　直播平台融资状况

企　业	成立时间	融资金额
斗鱼 TV	2014 年 1 月	15 亿元人民币
龙珠直播	2015 年 2 月	近 1 亿美元
虎牙直播	2015 年 4 月	10 亿美元
花椒直播	2015 年 6 月	3 亿元人民币
熊猫 TV	2015 年 10 月	10 亿元人民币

直播行业的这种"烧钱"行为，是因为名巨头看准了直播行业拥有巨大的经济潜力。有了资本的大量投入，直播行业的发展也就有了坚实的根基，全民娱乐的现象也就"应运而生"了。

1.6.2　虎牙融资："欢聚互娱"

虎牙直播是由欢聚时代（即 YY）打造的一个互动式视频直播平台，业务范围囊括了网游竞技、单机热游、娱乐综艺、手游休闲等 4 大模块，如图 1-25 所示。

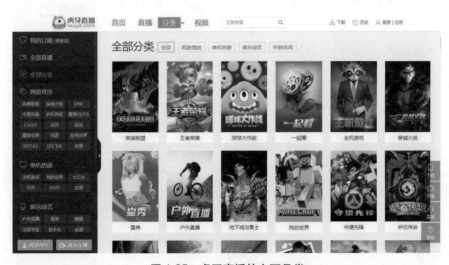

图 1-25　虎牙直播的主要品类

同时，虎牙直播的用户端产品覆盖 PC、Web、APP 三大平台，内容不但多元化，而且都是比较热门的形式，如电子竞技、音乐、体育、美女、户外、真人秀、综艺、娱乐、美食等。2015 年，欢聚时代在虎牙直播平台投入 7 亿元人民币，用来升级平台的软硬件技术搭建生态系统，另外还将举行一系列营销推广活动，并签约了一大批直播明星。据悉，欢聚时代 CEO 表示将会持续投入虎牙直播，打造"欢聚互娱"品牌，具体如图 1-26 所示。

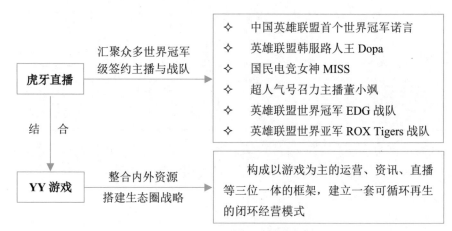

图 1-26　虎牙直播的发展战略

1.6.3　斗鱼融资：稳步前进

被称为"武汉互联网明星企业"的斗鱼直播是由风投公司红杉资本中国基金支持的一家初创企业，目前累计融资金额已经超过 20 亿元人民币。如图 1-27 所示为斗鱼直播平台的融资详情。

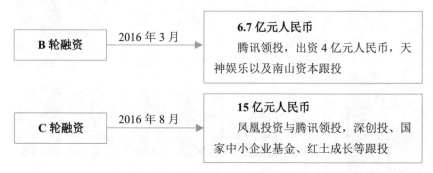

图 1-27　斗鱼直播平台的融资情况

如今，直播平台已经逐步进入成熟期，好的平台也开始浮出水面，而一些运营不佳的平台也将面临淘汰。在这种市场背景下，斗鱼直播通过融资可以获得充足的资金来发展自己，保持领先地位，使其可以更好地成长下去。

1.6.4　腾讯投资：全面发展

龙珠直播平台是由 PLU 游戏娱乐传媒推出的，而 PLU 与腾讯是深度战略合作伙伴，由此可以看出，龙珠直播平台其实是腾讯投入游戏直播市场的一枚重要"棋子"。龙珠直播平台出世时与韩国 KeSPA 部分职业选手签约，并获得了国内独家直播权。如图 1-28 所示为龙珠直播平台主页。

图 1-28　龙珠直播平台主页

2015 年 11 月，龙珠直播平台完成 B 轮融资，由游久游戏领投 2.78 亿元人民币，与腾讯、软银等共同成为龙珠的投资方。针对本次融资，龙珠直播将对直播内容技术进行提升，并持续对一些顶级赛事直播权增加投入，加强主播阵营的培养，搭建一个完整电竞行业生态圈。龙珠直播将构建一个关系链来连接主播与用户。例如，当用户喜欢的主播上线开播前，会收到 QQ 或微信提醒信息。

另外，用户还可以通过订阅与弹幕等功能，与主播和其他观众互动交流，从而通过这些良性循环的方式来帮助主播积累粉丝、增加收入。

1.6.5　传媒投资：游戏领头

战旗 TV 是一个采用"弹幕"作为特色的直播分享平台，内容包括游戏、娱乐、点播和页游等，如图 1-29 所示。

战旗 TV 在创建之初就获得了浙报传媒的重点投资，通过投资方搭建生态环境，并以游戏为切入点，进而覆盖全媒体的内容。如图 1-30 所示为战旗 TV 平台的主要发展战略。

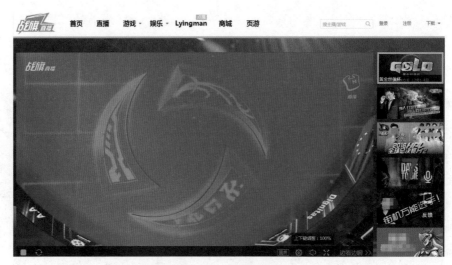

图 1-29　战旗 TV 直播平台主页

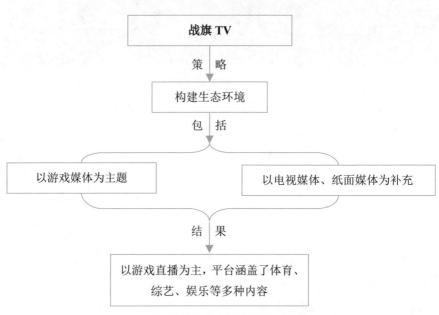

图 1-30　战旗 TV 直播平台的发展战略

第 2 章

探秘：直播的发展历程

学前提示

目前的网络直播呈现一片大好形势，各种直播平台前仆后继，许多人都想趁此良机加入直播大军的行列之中。想要了解直播，必然少不了对其发展历程的研究。本节将带领大家探究直播发展之路，让大家认识直播的过去、现在和未来。

要点展示

▶ 直播 1.0 时代：秀出自我
▶ 直播 2.0 时代：游戏竞技
▶ 直播 3.0 时代：便捷娱乐
▶ 直播 4.0 时代：身临其境

2.1 直播 1.0 时代：秀出自我

随着时代的不断发展，直播渐渐走入人们的视野。而直播最初的形式就是秀场直播，也正是因为秀场直播才使直播这一新兴行业得以在如今的互联网世界叱咤风云。本节将详细介绍直播的 1.0 时代：秀出自我。

2.1.1 发展：市场规模

秀场直播自产生以来，就一直以自身独特的优势保持着稳健的发展势头，市场潜力一直很大。例如，网络上一代又一代的网红就是秀场直播的衍生物。如图 2-1 所示，为中商情报网发布的《中国秀场直播市场分析报告》中提到的我国秀场直播的市场规模走势。

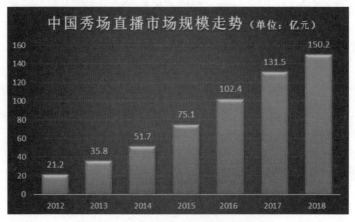

图 2-1　我国秀场直播的市场规模走势

从图 2-1 中可以看出，预测到 2018 年秀场直播的市场规模将达到 150 亿元，如此庞大的市场规模，是其他直播一时之间难以超越的。

从现在整体的直播大环境来看，秀场直播仍然是直播行业的中流砥柱，观看秀场直播的用户是直播行业的主要消费人群。尽管很多直播平台相继推出了全民直播的形式，但还是抵挡不了秀场直播市场的火爆势头。

2.1.2 形式：美女主播

秀场直播的亮点当然非美女主播莫属，美好的人和事都是值得欣赏和追求的，所以秀场直播以此为卖点和看点，吸引了众多用户关注。

直播平台方凭借美女主播这种形式来获取盈利，既快速又方便。因为打造美女主播的过程很简单，如图 2-2 所示，只需要有以下几个特质就可以成为主播。

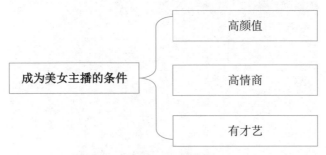

图 2-2　成为美女主播所需的条件

　　而且，美女主播自己还能赚取相当丰厚的利润，有的人气高的主播月收入上万元，这也促使很多年轻貌美的女孩子纷纷加入秀场直播的行列。

2.1.3　用户：男性偏多

　　既然秀场直播主打美女主播，那么也不难猜测秀场直播的用户群体以男性为主了。在观看秀场直播时，男性用户甘心为自己喜爱的女主播打赏礼物，因为他们获得了美的享受，同时又释放了自身的生活、工作压力。这些虚拟的礼物，也是直播平台方经济变现的快捷方式。

　　这些美女主播凡有方法吸引众多粉丝的，都会被各大直播平台方争着签约，因为只要拥有人气，就意味着会带来收益。当然，这些人气和收益离不开众多男性用户的大力支持。

▶ **专家提醒**

　　中商情报网发布的《中国秀场直播市场分析报告》显示，在秀场直播用户的性别分布上，男性用户就占了 83.4%，而女性用户仅占 16.6%。这样悬殊的比例，也可以反映秀场直播为什么要以高颜值的美女主播为亮点了。

2.1.4　内容：唱歌热舞

　　那么，美女主播主要以何内容吸引用户的眼球呢？在秀场直播中，最热门也是用户关注度最高的内容当属唱歌和热舞。如图 2-3 所示为中商情报网发布的《中国秀场直播市场分析报告》中用户关注的秀场直播娱乐类型分布。

　　从图 2-3 中可以看出唱歌和热舞高居榜首，深受用户的青睐。此外，还有聊天、讲段子、做游戏等互动性强的内容，但远远比不上热舞和唱歌的火热程度。

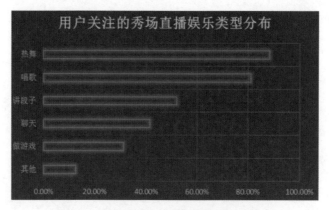

图 2-3　用户关注的秀场直播娱乐类型分布

不容置疑的是，音乐和舞蹈确实能给用户带来娱乐享受，而美女主播的美好歌喉、曼妙身姿更可给自己加分。如图 2-4 所示，用户可以在直播间点自己喜欢听的歌，让主播演唱。

图 2-4　点歌

因此，直播平台特别留意寻找拥有这样才艺的主播，因为她们能吸引众多用户，特别是男性用户为她们的才艺买单。这样一来，唱歌和热舞就成了秀场直播的重中之重，毫不夸张地说，秀场直播就是依靠这两大内容支撑起来的。

2.1.5　问题：监管整顿

秀场直播在给平台方和主播带来了巨大的经济效益的同时，也加剧了行业内的竞争。有些主播为了赚取更大的利益，多次挑战文明的底线，各种低俗、暴力恐怖等直播事件引得社会各界议论纷纷。

　　这些负面事件对秀场直播的影响十分恶劣，使人们对秀场直播都投以不齿的目光。有人预测，如若秀场直播继续以这样的状态发展下去，必然逃不脱被相关监管部门查处的命运，那么秀场直播将会慢慢消失在人们的视野之中，走向消亡。

　　但也不必太过悲观，从当下的行业状况来看，秀场直播已经意识到这些负面的影响和自身自律力度的不足。各大直播平台开始纷纷整顿行业风气，积极遵守各项规章制度，对直播内容也作出了相当严厉的限制和监管规定，细化到每个直播间。并且不再单纯地依赖颜值吸引用户，而是用心培养一批有真才实学的主播来促进秀场直播的不断向前发展。相信秀场直播能跨过这道坎，迈向更加美好的未来。

2.2　直播 2.0 时代：游戏竞技

　　自秀场直播的火热退去之后，又一个新的直播行业开始崛起。随着电子竞技的专业化、深度化发展，游戏直播成为直播界的"新宠儿"。本节将带领大家进入游戏直播的时代。

2.2.1　兴起：直播的细分

　　游戏直播的兴起还要归功于视频直播的细分，随着直播行业的全面发展，直播已经渗透生活的方方面面。如图 2-5 所示为直播细分后的几种类型。

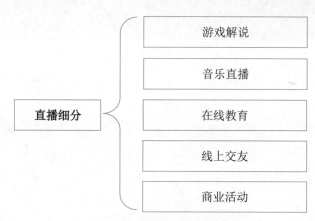

图 2-5　直播细分后的类型

　　直播的类型日益丰富，让人眼花缭乱。而让人格外瞩目的则是游戏竞技的直播，而且游戏直播也在直播细分后行业内最为火爆。其中，最具代表性的直播平台有斗鱼 TV、YY 虎牙直播和熊猫 TV。

2.2.2　标志：虎牙的崛起

游戏直播出现的标志是虎牙直播的崛起，虎牙直播是由 YY 直播改名而来，是欢聚时代旗下的直播平台。2014 年 11 月 24 日，YY 直播正式更名为虎牙直播，有网友爆料称，改名是因为老板无法忘怀有可爱虎牙的初恋女友。

如图 2-6 所示为虎牙直播的官网界面。

图 2-6　虎牙直播的首页

虎牙直播以游戏竞技为主，是看准了 PC 时代的黄金期已过，而接下来是移动端的全面发展。

为了向更宽的领域拓展，虎牙直播还涉足电视直播、发布会直播、演唱会直播、秀场直播、体育直播、户外直播、真人秀直播等多个直播领域。虎牙直播的崛起是游戏直播出现的最显著标志。

2.2.3　发展：惊人的速度

以虎牙直播的出现为标志，各大游戏直播平台纷纷面世，发展速度用迅雷不及掩耳之势来形容都毫不夸张。

这样惊人的发展速度引起了各界的极大关注，引得各大企业瞄准这一新鲜而持久的商机，纷纷投身游戏直播行列，促使游戏直播不断向前发展，并保持良好的发展势头，成为直播行业一面不倒的旗帜。每个直播平台都争相推出了游戏直播的板块，如图 2-7 所示为斗鱼 TV 的热门游戏界面。

图 2-7 斗鱼 TV 的热门游戏界面

直播平台中有当下热门的各式各样的游戏，例如，英雄联盟、炉石传说、守望先锋、魔兽世界、DOTA2、穿越火线、魔兽争霸等。

2.2.4 战略：全面的考虑

尽管在虎牙直播之后兴起了无数的游戏直播平台，但作为游戏直播开拓者的虎牙直播却成功地得到了央视的特别青睐，曾两度接受央视的采访，并登上大荧幕。这与虎牙直播的全面发展战略不无关系，2016 年 2 月 17 日，虎牙直播的副总裁董荣杰受邀参加了央视一档叫作《领航》的节目，在其中为虎牙直播的发展战略作了相应的详细介绍。

如图 2-8 所示为 2016 年虎牙直播发展战略的主要内容。

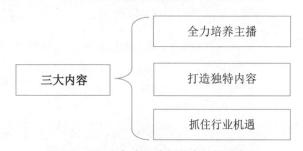

图 2-8 2016 年虎牙直播的发展战略内容

▶ 专家提醒

2011 年，美国的 Twitch TV（从 Justin TV 独立而来）开始成立首家游戏直播平台，主要内容为游戏视频的直播与互动，刚一推出就引发了用户的暴增，此后用户更是成千上万地不断增长。

2.2.5 内容：支撑的倾斜

游戏直播的发展势头之强劲是有目共睹的，自 2014 年出现以来已经迅速奠定了在直播领域的地位。据猎豹全球智库联合猎豹移动大数据提供的数据显示，在 2016 年直播类 APP 中，排在首位的便是虎牙直播，而靠前的直播 APP，大部分也为游戏直播类直播 APP。

大部分直播平台都推出了游戏直播的板块，如图 2-9 所示为映客直播打造的手游直播。

图 2-9　映客的手游直播

大多数直播平台都向着游戏直播靠拢，游戏直播的火热程度可见一斑。据 36 氪研究院的数据显示，仅截至 2016 年年底，我国的游戏直播用户有 2 亿人之多。不得不说游戏直播已经成为直播行业重要的内容支撑，短时间内此局面很难改变。

2.3　直播 3.0 时代：便捷娱乐

继游戏直播之后，移动直播和泛娱乐直播成为直播行业的又一热点。自美国

Meerkat、Periscope上线后，也引得中国直播界纷纷效仿，移动直播APP占据了直播市场的大半壁江山，泛娱乐直播也逐渐成熟。本节将详细介绍直播的3.0时代：便捷娱乐。

2.3.1 引爆：移动直播

通过移动设备端来直播自己生活的每一个微不足道的细节，让你的生活与陌生人无限拉近。用一句耳熟能详的话来形容移动直播就是，"你站在桥上看风景，看风景的人在直播中看你"。在移动直播平台中，以花椒直播为典型代表。花椒直播以其丰富的内容、便利的社交、强大的明星阵容为特色，成为移动直播平台中最受欢迎的平台之一。

为什么移动直播能获得大众的喜爱，并引得各界关注呢？这还得归功于4G网络和移动设备的不断发展。如果没有技术的硬件支持，那么也就没有移动直播如此火热的发展势头。

除此之外，移动直播还满足了用户的一种好奇心理，张爱玲在其文章中提到过，人们都爱窥探别人的生活，这也是一件有趣的事情。移动直播提供给用户这样一个观看他人生活的平台，使用户能够获得精神享受。如图 2-10 所示为花椒直播举办的首届网红演唱会"花椒好声音"。

图 2-10　花椒直播首届网红演唱会"花椒好声音"

总之，随着手机与现代人生活的不断交融，移动直播甚至已经成为人类生活不可或缺的组成部分。移动直播随时随地都能看到，在不久的将来，它很有可能会成为像衣食住行一样的存在，与我们的生活紧密相连。

2.3.2　大势所趋：泛娱乐直播

移动直播的出现一方面促进了用户的大量上涨，另一方面又促使直播内容向各方面深化拓展。因此，泛娱乐直播模式成为大势所趋。为了满足庞大用户群的需求，各大直播平台相继改革，推出各种直播内容，对直播平台内容进行深化和细化。如图 2-11 所示为熊猫 TV 的分类。

图 2-11　熊猫 TV 的分类

王思聪在其对熊猫 TV 的规划中称，熊猫 TV 偏向于泛娱乐直播。此外，王思聪还邀请了众多明星参与直播，有杨颖、林俊杰、林更新、韩寒、叫兽易小星等。这些明星的参与有效地提升了直播平台的人气，反过来又促进了直播内容的深化。

▶ **专家提醒**

据艾瑞《2017 年中国泛娱乐直播用户白皮书》中显示，泛娱乐直播用户选择直播平台时往往最注重三个因素，分别为平台的人气、内容的丰富程度以及平台的规模和声誉。而有些用户在选择直播平台时还会将这三者结合在一起来判断。当直播平台吸引了足够高的人气，那么平台规模便会得到大幅扩展，内容理所当然也会更加丰富多彩。这也是泛娱乐直播之所以成为大势所趋的原因所在。

2.3.3　出现："直播 +"形式

各种"直播 +"形式在泛娱乐直播模式的影响下纷纷涌现，社会各界开始向直播行业进军。最初与直播合作的便是电商，"直播 + 电商"的销售模式一时之间红遍商业圈。例如，阿里巴巴旗下的天猫旗舰店便新增了直播板块，如图 2-12 所示为手机淘宝的直播界面。

图 2-12　手机淘宝的直播界面

　　"直播＋电商"的模式获得了巨大的成功，这也是"直播＋"形式的首次亮相，随着直播行业的不断深入发展，"直播＋"模式将会越来越广泛。

2.3.4　深化："直播＋"细分

　　正因为"直播＋"模式能带来令人意想不到的经济效益，于是，各行各业开始加入"直播＋"的队伍。现在，直播开始全方位展开第三次革命，对"直播＋"模式进行全面拓展。如图 2-13 所示为《2017 快乐男声》的直播云唱区。

图 2-13　《2017 快乐男声》直播云唱区

《2017 快乐男声》的直播云唱区以优酷的直播平台来疯为合作伙伴，开启全新的"直播＋综艺选秀"模式，将综艺选秀呈现在用户面前。作为平台的来疯，在这其中也不断丰富了平台内容，扩展了平台属性。可以说，二者相结合使宣传效果比传统单一的电视直播更加出色。

如今，"直播＋"的模式并不止于目前的领域，为了满足用户不断增长的需求，又出现了直播＋教育、直播＋医疗、直播＋金融等"直播＋"模式，除此之外，垂直领域也将试水"直播＋"模式。经过"直播＋"的深化和细分，直播行业将会变得更加有趣，你准备好大展身手了吗？

2.4　直播 4.0 时代：身临其境

你想过与属于不同空间的人进行虚拟接触吗？你想过穿过屏幕感受你想感受的一切吗？你想与自己喜爱的明星进行真正的零距离互动吗？ VR 直播可以帮助你完成梦想，让梦想真正变为现实。

经过了三代的发展与改革，走过了无数风风雨雨，直播终于迎来了真正让人不可思议的第四代——VR 直播。

2.4.1　出现：VR 直播

当我们以为移动直播和泛娱乐直播已经是直播无可超越的境界之时，VR 直播出现在我们眼前，告诉我们发展是没有极限的。随着用户对直播要求的不断提高，实时互动的交流已经不能满足用户的需求，于是，VR 直播自然而然地产生了。

VR 直播的优势是移动直播等直播无法抗衡的，其特征如图 2-14 所示。

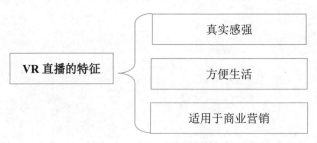

图 2-14　VR 直播的特征

VR 直播的出现预示着一个新的时代的到来，虽然目前对于 VR 技术的要求有些高，还不能广泛地运用于实践之中，但随着直播行业的不断深入发展，VR 直播将会给人们的生活带来天翻地覆般的变化。

2.4.2 试水：花椒直播

因为 VR 直播强大的虚拟现实功能，所以年轻群体对其有着极大的兴趣。花椒直播正是看准了这一点，从而最先涉足 VR 直播领域。在大众对 VR 技术闻所未闻的时候，花椒直播就已经开始着手于 VR 直播的上线事宜了。2017 年 6 月 7 日，花椒直播宣布 VR 直播正式上线并开放体验。据悉，花椒直播将免费发放价值 5000 万元的硬件设备，如图 2-15 所示为花椒直播的 VR 眼镜。

图 2-15 花椒直播的 VR 眼镜

作为直播行业第一个吃螃蟹的直播平台，花椒直播的勇气值得称赞。花椒直播总裁吴云松则表示："'VR+ 直播'天生就具有粘连性。" VR 直播促使用户从围观者变成参与者，让主播与用户的距离进一步拉近，让主播与用户之间相隔的手机屏幕不再是阻碍，让空间与距离不再是问题。相信花椒的 VR 直播试水将给直播平台带来一个良好的开端。

2.4.3 行业：深远影响

VR 直播作为一种携带有最新科学技术的直播方式，不仅能给用户带来身临其境的至尊感受，而且可为其他行业带来了新的发展机会。"科技改变社会"，如今"直播 +VR"更是锦上添花，将视频社交与科技巧妙地结合在一起，从而对社会各方面产生深远的影响。花椒直播才刚刚涉足 VR 直播，就有电商、旅游等行业意欲与花椒直播寻求合作。

这些行业虽然还没有真正将 VR 技术应用于实践之中，但相信一旦投入使用，直播行业以及全社会的多数行业都将发生一次脱胎换骨的变动。

例如，在电商行业，用户不再是通过图片和文字来判断商品是否值得购买，而是利用 VR 直播全面体验商品的各项性能，从而更加方便快速地进行消费，宅在家里就可以放心购物再也不是空谈，而且也不会像一直浏览图片和评论那样麻烦。这便是 VR 技术带给我们的最大好处。

2.4.4　应用：场景拓展

随着 VR 技术的不断发展和成熟，VR 直播的应用领域将不断拓展。它能应用于在线教育、演唱会、游戏、影视娱乐等众多领域。VR 技术将给我们生活的各方面带来深刻的变革。

虽然 VR 直播有数不尽的优点，但现如今 VR 直播还没有完全应用于生活领域，大多数企业在这方面还只是停留在概念层面，并没有深入拓展、开发运营。所以，VR 直播还有无穷无尽的潜力供我们去开拓发展。

如图 2-16 所示为我国首个能运用 VR 技术作商业直播的直播平台——微吼直播的官网界面。

图 2-16　微吼直播官网

微吼直播作为商务直播领域的领军者，在 2017 年 6 月 20 日首届粤港澳大湾区论坛举办之际，成为此次会议的直播提供商，并通过与腾讯的合作，获得了百万余用户的观看。微吼直播的成功不仅在于 VR 技术的支撑，还依赖于其直播内容的高端。因此，所有的直播平台都应将先进的技术与优质的内容相结合，才能真正实现 VR 直播的深度发展。

第3章

内容：直播的内容形式

学前提示

如今，直播已经不再是那些"美女主播"或"草根话题人物"的专利，而是扩散到了拥有"一技之长"的专业人士身上，直播内容也从单纯的歌舞表演演变成才艺、美妆、电子竞技、美食、旅行、脱口秀等细分兴趣种类的更具价值的内容。

要点展示

▶ 直播内容：主要形式

▶ 典型：直播内容形式

▶ 淘宝直播：特色电商内容

▶ YY直播：多维度的内容形式

▶ 其他：特色直播内容形式

3.1 直播内容：主要形式

在这个直播盛行的时代，想在直播市场中分得一杯羹的人很多，但想要获得成功并不简单，首先要生产传播内容，然后要有一定的粉丝支持，而且前者是后者的基础。同时，直播内容还必须具有清晰的价值观，在内容上要贴近年轻人的追求，符合他们的价值观，这样才能引起共鸣，得到他们的关注。

3.1.1 直播内容：4 个主要形式

从整体看直播领域的一些作品会发现，直播的内容有以下几种分类：美颜装扮、才艺搞笑、游戏电竞、文化乐活，如图 3-1 所示。

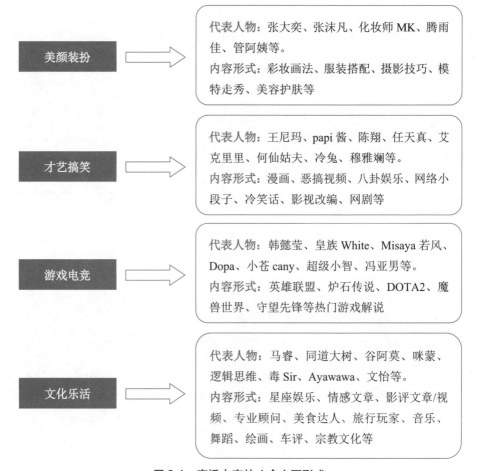

图 3-1　直播内容的 4 个主要形式

3.1.2 网络直播：其他内容形式

除了前面介绍的 4 个主要形式外，网络直播还可以拥有更多特色内容，下面将简单介绍这些内容形式及其内容要点，如图 3-2 所示。

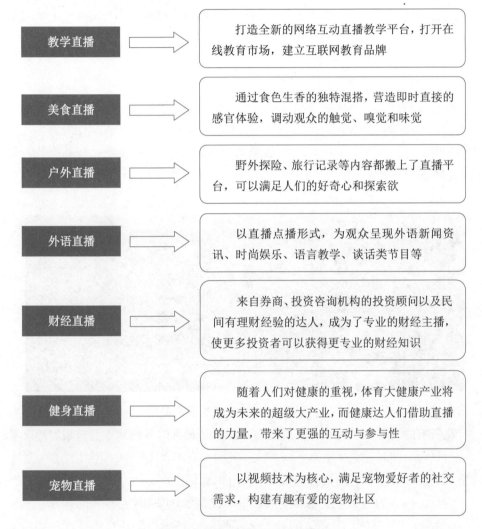

教学直播　　打造全新的网络互动直播教学平台，打开在线教育市场，建立互联网教育品牌

美食直播　　通过食色生香的独特混搭，营造即时直接的感官体验，调动观众的触觉、嗅觉和味觉

户外直播　　野外探险、旅行记录等内容都搬上了直播平台，可以满足人们的好奇心和探索欲

外语直播　　以直播点播形式，为观众呈现外语新闻资讯、时尚娱乐、语言教学、谈话类节目等

财经直播　　来自券商、投资咨询机构的投资顾问以及民间有理财经验的达人，成为了专业的财经主播，使更多投资者可以获得更专业的财经知识

健身直播　　随着人们对健康的重视，体育大健康产业将成为未来的超级大产业，而健康达人们借助直播的力量，带来了更强的互动与参与性

宠物直播　　以视频技术为核心，满足宠物爱好者的社交需求，构建有趣有爱的宠物社区

图 3-2　直播内容的 4 个主要形式

对于互联网创业者和企业来说，打造直播平台就必须创造出优质的超级内容，所以需要在综合考察市场的基础上，充分了解当前的潮流热点和人们的消费习惯，抓住这些关键点，然后打造一个符合这些关键点的优质内容。只有如此，直播才能吸引粉丝的追捧和聚焦用户的视线。

3.2 典型：直播内容形式

直播内容多以才艺、游戏等形式来表现主题，如果想要自己的直播内容在众多的直播中脱颖而出，就必须打造符合用户需求的内容，做好内容运营，用高价值的内容来吸引用户、提高阅读量，带来更多流量和商机。本节将介绍几种典型的直播内容形式，以供大家了解。

3.2.1 游戏：内容玩法和市场推广是要点

游戏是最先打开视频直播市场的内容形式，从 Twitch.tv 将游戏作为专业内容进行直播开始，游戏直播作为一种全新的内容形态出现，一时间受到广大互联网用户的关注。同时，Twitch.tv 也被亚马孙看中，并以 10 亿美元将其收购，如图 3-3 所示。

图 3-3 Twitch.tv 主页

在所有的互联网产品中，游戏的用户黏性是最强的，游戏直播也很好地继承了这个属性，同时受到了资本界的关注。此时，DOTA2、LOL（英雄联盟）等竞技游戏的诞生为游戏直播平台带来了"新鲜的血液"。

同时，国内的相关企业也急速跟紧了步伐，如 ACFUN 与斗鱼的拆分、战旗TV 的诞生、YY 投资虎牙等，以及后来出现的一些垂直游戏直播平台，如熊猫TV、全民 TV、龙珠 TV 等。这些新的游戏直播平台改变了玩家和游戏之间的互动方式，他们不再是自己玩或者组队玩，而是大家一起观看明星名人玩游戏的过程，同时还可以进行互动交流。

当然，游戏虽然黏性高，但并没有终结直播平台的发展，随着智能手机的普及和移动网络技术的提升，以 Meerkat 为代表的移动直播模式成为新的发展趋势。

如图 3-4 所示为 Meerkat APP 界面。

图 3-4　Meerkat APP 界面

　　例如，"小苍 cany"是知名游戏解说、竞技选手，而且还曾经获得了《Iron Lady 国际女子魔兽邀请赛》的第一、第二届冠军。如今，"小苍 cany"主要专注于 LOL 直播，如图 3-5 所示为其微博主页。

图 3-5　"小苍 cany"的微博主页

　　对于游戏直播平台来说，内容的玩法和市场的推广是成功的两个要点。在上面的案例中，"小苍 cany"的内容玩法便是凭借行云流水般的解说、激昂的文字、动人的声音及现场感染力，深受玩家们的喜爱。

　　同时，通过各大直播平台和微博等社交平台进行内容推广，聚集了一群热爱游戏志同道合的粉丝，通过视频直播内容产生商业机会。游戏直播成为直播行业的重要支撑内容之一。

3.2.2 才艺：分享个人才艺获得收入

才艺对于网络主播等内容创业者来说尤为重要，有才艺、高颜值是入行网络主播的主要条件，其中"有才艺"被放在了首位。才艺的范围比较广泛，这里只讨论最具代表性的音乐、舞蹈等才艺类型。

1. 音乐：YY 好声音排位赛

好声音排位赛是 YY 为当红主播推出的一个演唱竞赛平台，于每周四晚上 8 点开播，如图 3-6 所示。在好声音排位赛中，观众的身份转变为裁判，他们拥有绝对的话语权，可以给喜欢的主播投票。

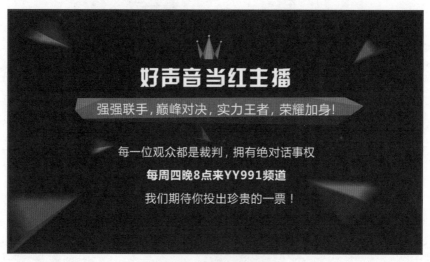

图 3-6 好声音排位赛

虽然各个直播平台上充斥着许许多多的草根主播，但其中也有很多依靠这些直播平台成长和出名的大牌主播和网红，而且名人和明星为直播造势带来的影响力也不小。

如今，直播已经进入了移动时代，"随走随看随播"成为一种新的直播场景，而且在朝着泛娱乐领域发展，而音乐则是"领头羊"。多元化、个性化的直播应用场景，为传统音乐市场带来了更多可能，将来也会产生更多的爆款音乐。

2. 舞蹈：YY"燃舞蹈"频道

YY 直播平台的"燃舞蹈"频道以舞蹈为主要内容，同时还打造了一个全新的女子演唱组合——1931（1 个梦想、9 位伙伴、3 份心意、1 切成真），分为红、白两个队伍，每周六晚上七点半和周日下午两点半在 YY 舞蹈频道直播，如图 3-7 所示。

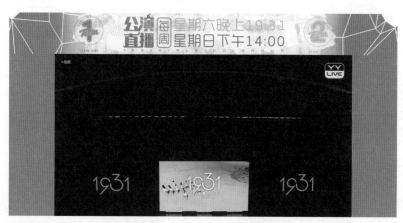

图 3-7　1931 组合舞蹈直播频道

据悉，YY 计划投资 5 亿元打造 1931 偶像团体，这样算下来每个人的投入可达近 2800 万元，这接近于 YY 一个季度的收入。

YY 依靠语音起家，并在游戏直播领域获得了成功，到如今开始积极塑造自身的品牌形象，构建一整套的主播选秀、培训及其团队搭建供应链。1931 则可以看作是 YY 的跨界之作，借此从 UGC 步入 PGC 内容时代，如图 3-8 所示。

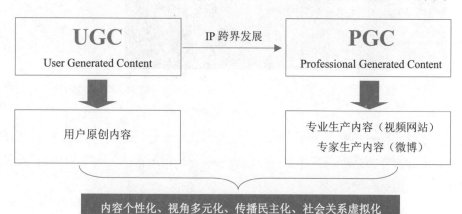

图 3-8　YY 的内容跨界营销

3.2.3 动漫：经久不衰的二次元动漫文化

在所有的直播内容中，动漫虽然显得有些小众，但它却有很强的用户黏性，而且内容的持续性非常强，有的动漫作品甚至可以跨越几十年仍经久不衰。

国内比较火爆的动漫内容直播平台主要有"A站"和"B站"，下面分别对其进行介绍。

1. A站：AcFun弹幕视频网

AcFun弹幕视频网（Anime Comic Fun，简称"A站"），是国内首家弹幕视频网站，同时也是二次元文化的开拓者，如图3-9所示。

AcFun弹幕视频网的主要特色是高质量的互动弹幕内容，并且这些内容都是基于原生内容的二次创作，将其打造成一个完整的内容生态，以此博得了广大用户的喜爱。AcFun弹幕视频网的主要用户群体为年轻的"80后""90后"以及二次元动漫核心用户，这些用户群体也是弹幕这种新型互动方式的推广者。

图3-9　AcFun弹幕视频网

对于那些喜欢和善于创作二次元内容的创业者来说，AcFun弹幕视频网就是一个不错的内容分享平台，在此可以找到更垂直的粉丝群体，对于推广动漫内容电商产品来说更有优势。

不过，需要注意的是，创业者在借用二次元动漫元素时，必须根据自身的品牌定位来挖掘相应的内容。

2．B站：bilibili 哔哩哔哩

bilibili 哔哩哔哩又称为"B站"，是一个年轻人的潮流文化娱乐社区，如图 3-10 所示。bilibili 哔哩哔哩的特色也是"弹幕"，即用户在观看视频时可以将实时评论悬浮于视频上方，这种特性使其成为互联网热词的产生地。

图 3-10　bilibili 哔哩哔哩主页

"弹幕"为用户带来了独特的观影体验，而且它基于互联网因素可以超越时空限制，从而在不同地点、不同时间观看视频的用户之间形成一种奇妙的"共时性"关系，构成一种虚拟的社群式观影氛围，如图 3-11 所示。

图 3-11　"弹幕"可以形成一种热闹的社群式观影氛围

同时，通过 bilibili 哔哩哔哩这种二次元文化平台，动漫内容创作者可以借助这种高关注度、抢话题的热门"弹幕"内容形式来抢夺粉丝，借以为直播带来较强的宣传效果。

3.2.4 语音：在情感上的表达更加丰满

如今，大数据、云计算以及移动互联网等技术取得了重大突破，这些技术的发展也带动了智能语音市场的壮大，并且还吸引了政府机构和资本市场的关注，使智能语音产业得到快速发展。

在这种大环境下，语音内容也成为一种新型的直播内容形式。语音可以为用户带来更好的听觉体验，同时也可以使内容在情感上的表达更加丰满，加强用户对内容的记忆，或者打动他们，使他们产生情感上的共鸣。例如，懒人听书就是在这种环境下形成的一个中文有声读物交流平台，其语音内容包括主播电台、有声小说、文学名著、曲艺戏曲、相声评书、少儿天地、娱乐综艺等，如图 3-12 所示。

图 3-12　懒人听书的语音内容分类

懒人听书采用了"书籍打赏 + 精品付费"的双向内容变现方式。

（1）书籍打赏：将用户喜欢或者认可的内容作为盈利点，通过用户主动打赏的方式为主播增加收入，此种方式更加人性化。在收听书籍的"详情·评论"界面，点击"打赏"按钮，并选择相应的打赏金额，使用微信支付即可完成打赏操作，如图 3-13 所示。

图 3-13 书籍打赏功能

（2）精品付费：懒人听书坚持"以内容为中心"，重点推出"精品"栏目，筛选出优质的有声数据内容，并采用"免费试听前几章+付费收听全集"的盈利模式，用户可以先体验书籍内容是否精彩、是否是自己喜欢的内容，然后再选择是否付费收听，此种方式更加自由灵活，同时也可为主播带来更多的流量，如图 3-14 所示。

图 3-14 精品付费模式

懒人听书在构建"内容中心"的语音平台时，特别关注并加强优质内容生产环节。可以预见，在以"内容为王"的移动互联网直播市场中，这种信念将带领懒人听书获得更大、更好的发展。

3.2.5 搞笑：内容要多思考、多下功夫

幽默搞笑的内容形式特别受大家欢迎，可以给人带来一种轻松、欢快的感觉，这也正是如今快节奏时代下人们放松心情的最佳方式。依靠搞笑内容成名的 IP 大有人在，如《屌丝男士》《万万没想到》《欢乐颂》《暴走大事件》等影视作品，同时还诞生了一大批网络搞笑达人，如图 3-15 所示。

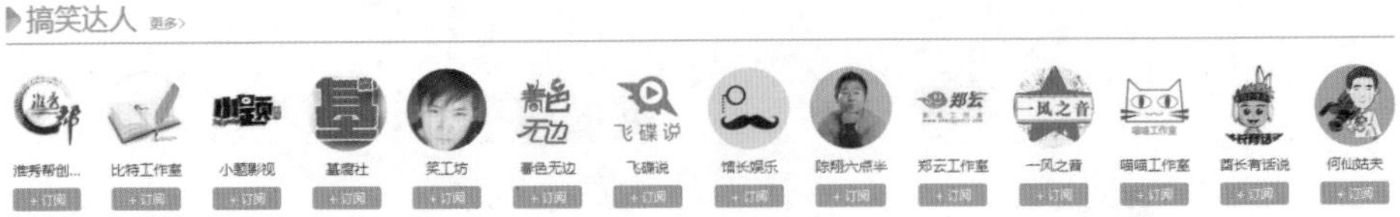

图 3-15　网络搞笑达人

口才伶俐、幽默滑稽的唐唐（任真天）原本是某电视的购物栏目演员，2013 年年底开始在优酷播出搞笑视频，从"荤段子"逐步转为电影解说。

2013 年年初，任真天推出一部解说视频《致唐唐逝去的青春 多么痛的领悟》第 34 期，以唐唐自称恶搞西游而轰动互联网，如图 3-16 所示。

![爱奇艺 传说中的金蝉子转世，还是土豪金的那种。观音姐姐已经托梦了，此去 01:22 / 09:08]

图 3-16　《致唐唐逝去的青春 多么痛的领悟 第 34 期》搞笑视频

这部视频的内容创意性比较强，而且唐唐还在视频中唱了一首"奇葩歌曲"，其点击量达到 1160 万人次（来源于优酷数据）。

2013 年 12 月 19 日，任真天创建一档讲笑话的视频节目——Big 笑工坊创，后来向"吐槽"发展，其在爱奇艺平台上的粉丝数量达到 140 多万人，总播放量超过 18 亿次，如图 3-17 所示。

图 3-17 Big 笑工坊创

在互联网中，"吐槽"成了一种普遍现象，它不以骂人为手段，不以发泄为方式，而将重点放在"娱乐性"和"无恶意"的语言上，通过内涵、隐晦、暗喻等方式揭露一些社会现象，既可以提高内容笑点博得观众开心，又可以强化参与增加共鸣，是一种新型的内容产品。

当然，在创作这种幽默搞笑的内容时，创作者还需要多思考，结合时事热点来增强故事的代入感，多下功夫、多看资料，增强自身的趣味文学修养。

互联网中的受众都喜欢有趣的信息，直播平台如果能做到这点，对宣传效果必定大有裨益。而对于直播平台方而言，将内容娱乐化是抓住用户百试不爽的方法，具体的做法就是将内容转化为用户喜欢的带有趣味性的形式，让用户在感受趣味性内容的同时，接受企业的宣传信息。

3.2.6 文学：要相信"书中自有黄金屋"

"书中自有颜如玉，书中自有黄金屋。"虽然现在的时代是互联网时代，但文学的魅力仍然不可低估。中华几千年的悠悠文化，在今天只是变换了不同的形式，以一种崭新的面貌出现在我们面前。

当今有几大知名的文学类直播节目，大多都是由自媒体人独家打造的。如罗振宇的《罗辑思维》、高晓松的《晓松奇谈》、袁腾飞的《袁游》等。如图 3-18 所示为《晓松奇谈》的节目。

图 3-18 《晓松奇谈》

与一般的游戏、音乐、舞蹈、动漫、搞笑等直播内容不同，文学类直播都需要具有相当深厚的知识储备，不能泛泛而谈，空说大道理。而且这类直播通常都会选取当下热门的实事进行谈论，或者结合历史文化来谈。而罗振宇的《罗辑思维》就是以创新、历史、社会等为主要内容。如图 3-19 所示为《罗辑思维》第205 集——"这一代人的学习"。

图 3-19 《罗辑思维》——"这一代人的学习"

该集节目在优酷平台上获得了 191 万次的点击量，可见文学类直播在现在仍是人们所热衷的，而作为《罗辑思维》的主讲人罗振宇也得到了广大网友的推崇和支持。

此外，这种文学类的直播节目还为很多热爱文学的人提供了如微信这样绝佳的互动平台，用户只要打开手机就可以与文学大师进行交流沟通。如图 3-20 所示为罗振宇在微信公众号中与网友进行互动。

图 3-20　罗振宇与网友互动

3.3　淘宝直播：特色电商内容

在众多的直播形式之中，淘宝直播可以称为最典型的电商直播。其内容精彩纷呈，使人眼花缭乱。本节将向大家介绍淘宝直播的几种特色电商内容。

3.3.1　服装：学会潮搭配，秀出真自我

作为女性最喜爱的购物内容之一，服装是淘宝直播内容的重头戏，当然少不了介绍服装的直播。如图 3-21 所示为淘宝直播在推销服装。

淘宝直播的服装营销好处数不胜数，其与传统的浏览图片、文字相比较而言，最大的优势就是可以让用户更直观、全面地了解自己想要购买的服装。

此外，这种方式还可以促进用户与主播的感情交流，从而也为营销奠定了良好的基础。有些客户会因为主播的个人魅力而一次不落地观看每一次直播，这样，卖出衣服的概率就远远高于没有直播的店铺。

图 3-21　淘宝直播——服装

3.3.2　美妆：看主播化妆，做最美女生

美妆这块内容也主要是针对广大女性用户的，对于女性用户来说，在网上购买美妆用品可能会产生顾虑。比如口红会不会有色差？这个粉底适合油皮吗？二十岁应该选择哪种类型的妆容呢？而淘宝直播的"美妆心得"板块就很好地解决了用户担心的这些问题。如图 3-22 所示为淘宝直播的美妆内容。

图 3-22　淘宝直播——美妆

淘宝直播的主播会通过向用户展示化妆过程的方式来推销自己的产品，这种方式，既告诉了用户如何使用该产品，同时又让用户亲眼看到了效果。这样，用

户可以一边观看主播化妆，一边直接将自己心仪的产品放进购物车，一举两得。

3.3.3 母婴：育儿大交流，宝宝好成长

母婴用品在淘宝直播中也占据了很重要的位置。如图 3-23 所示为淘宝直播的母婴内容。

图 3-23 淘宝直播——母婴

淘宝直播专门开设了"亲子乐园"这一直播内容板块，用户可以在这里为自己的孩子挑选衣服和生活用品，还可以学习育儿知识以及儿童的穿搭等。

孩子是一个家庭的希望，对孩子的重视使得越来越多的家长对孩子倍加呵护。于是，淘宝直播的母婴板块自然而然也得到了广大用户的热烈赞赏。

3.3.4 食品：足不出户，做愉快的吃货

在网上购买食品，这已经成为一件稀松平常的事情。但在淘宝直播推销各种水果、零食、饮料是不是有几分新鲜呢？随着直播行业的深入发展，在网上以直播的方式推销食品也渐渐成为一股新潮流。如图 3-24 所示为淘宝直播推销的食品种类。

为了让用户有更好的购买体验，淘宝专门为食品区打造了"吃货最大"的直播板块。在这里，用户不仅可以随意挑选自己喜爱的食品，而且还有机会亲眼看到食品的生产地，甚至是食品的制作过程。

图 3-24　淘宝直播——食品

▶ 专家提醒

2016 年 5 月 31 日，农村淘宝在淘宝直播平台进行"村红"直播首秀，以视频直播的方式卖农家土货。50 位农民挑着自家土特产或手工艺品来到"村淘大集市"的直播点，竞相展示自家的货品。据相关资料显示，当天上午在线观看"村红直播找土货"的网友突破了 10 万名，点赞次数约 9 万次。"村红"直播的相关农产品也在农村淘宝、手机淘宝等平台向全国消费者同步发售。

3.3.5　数码产品：大品牌，总有一款适合你

淘宝直播的数码产品板块内容主要是通过"直播＋明星＋品牌"的模式来打造的，淘宝直播专门开设了明星直播，如图 3-25 所示为明星直播的主页。

在 OPPO 超级品牌日当天，当红"小鲜肉"盛一伦以及《奇葩说》主持人刘铠瑞进行直播，用户可以和"爱豆"秀拍照，一边观看直播，一边购买数码产品。如图 3-26 所示为 OPPO R11 Plus 的直播。

数码产品的直播与其他内容形式相比，需要借助明星或者名人的"吸睛效应"，同时其对于品牌的要求也要高一些。如果不是原本就有名气和底子的数码产品，单纯依靠直播来宣传，不容易得到用户的信任。

图 3-25　明星直播的主页

图 3-26　淘宝直播——数码产品

3.3.6　运动户外：生命不息，运动不止

运动户外的直播内容与数码产品有一些相似，都需要借助品牌和人气的力量。例如，我国知名的体育用品领导品牌——安踏，该品牌不仅销量一直位居国内前列，而且还汇聚了不少明星和体育资源。而这次淘宝直播，直接邀请到了 NBA 总冠军克莱·汤普森这一超级 IP，为安踏注入更为新鲜的血液。

如图 3-27 所示为安踏品牌在淘宝进行直播。

图 3-27　淘宝直播——运动户外

据相关数据显示，此次直播吸引了超过 40 万的用户观看，直接给安踏带来了超过 45 万的粉丝。更让人惊讶的是，此次的销售额也远远超过了预期。

淘宝直播的运动户外内容依靠"品牌＋平台＋粉丝"模式，在满足粉丝需求的同时，也达到了品牌传播和促进销售的目的，可谓是一箭三雕。

3.4　YY 直播：多维度的内容形式

YY 直播可以说是国内最早的直播平台之一，现在已经更名为 YY LIVE。随着网络技术的发展，其中的内容形式也在不断地翻新，包括好声音、脱口秀、潮人、燃舞蹈、潮音乐、体育、明星、酷玩、网游、手游等多个模块。

3.4.1　手游：移动电竞和直播强势发展

手机游戏由于操作性低，在竞技上很难与 PC 游戏抗衡，因此其关注数据目前远远不如网游，但随着移动技术的发展，手游还是有很大的发展空间。这也是 YY 单独开放一个手游频道的原因，如图 3-28 所示。

其中，被称为手机版 LOL 的《王者荣耀》是直播平台上用得最多的游戏，如图 3-29 所示。《王者荣耀》以竞技对战模式为主要玩法，同时也加入了一些冒险模式、闯关模式、年度排位赛等新玩法，开创了手机竞技游戏的先河。

YY 手游频道也单独为其列出了一个菜单，以方便用户查看相关的游戏直播，如图 3-30 所示。《王者荣耀》在合适的时间运用了合适的游戏类型，同时强大的操作性也迎合了玩家的偏好，这也就是游戏火爆的主要原因。

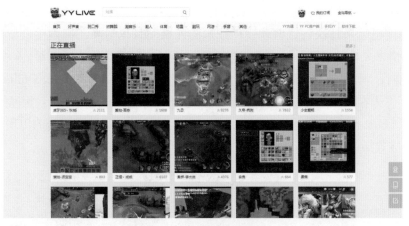

图 3-28　YY 手游频道

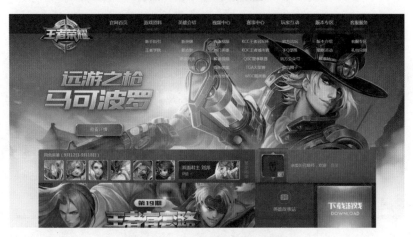

图 3-29　《王者荣耀》游戏官网

图 3-30　《王者荣耀》手机游戏直播

手机硬件技术已经越来越成熟，而且通信网络也从以前的 2G 发展到现在的 4G，速度也越来越快，这些软硬件技术的发展同时也激发了国内手机游戏玩家们的热情，大量玩家开始涌入手机游戏中，而且这种趋势越来越明显。

同时，《王者荣耀》《自由之战》等 MOBA（Multiplayer Online Battle Arena，多人在线战术竞技游戏）类手游，以及《合金装备》《战地：叛逆连队 2》等 FPS（First-person shooting game，第一人称射击类游戏）类手游的出现，也让手机游戏直播这个新型行业得到了很好的发展，如图 3-31 所示。

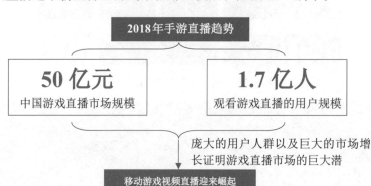

图 3-31　手机游戏直播的发展潜力很大

对于 YY 等提早布局手机游戏直播的平台来说，未来必将在打造强势手游直播内容和主播 IP 上分得一杯羹。

▶ **专家提醒**

例如，触手 TV 是一个专注于手机游戏直播的平台，拥有《天天酷跑》《节奏大师》以及《乱斗西游》等多款手机游戏直播视频内容，如图 3-32 所示。

图 3-32　触手 TV 手机游戏直播平台

3.4.2　网游：永不过时的热点 IP 内容

网游直播可以说是 YY 得以翻身的内容展示平台，YY 网游频道中的游戏主要包括 LOL、DNF、CF、DOTA 以及炉石传说等热门游戏，如图 3-33 所示。

图 3-33　YY 网游频道

与其他的直播内容形式相比，游戏直播间的观众数量明显更多，热门主播时在线观看人数都在数万甚至几十万以上，这也是游戏的魅力所在。

例如，虎牙直播签约主播"安德罗妮"的直播间即使是在最冷门的下午时段中，也能收获超过 37 万的同时在线人数，如图 3-34 所示。

图 3-34　YY 网游频道

下午三四点左右可以说是直播平台的冷门时段，但热门游戏主播仍然有几十万的同时在线观看数量，可见其强大的粉丝基数和粉丝黏性。

如图 3-35 所示为"安德罗妮"的微博主页，可以看到其微博粉丝人数为 60 多万，37 万的同时在线人数占了一大半的微博粉丝数，由此可以看出其强大的粉丝黏性和转化率。

图 3-35 "安德罗妮"的微博主页

由此可见，创业者在打造 IP 时，可以选择一些优质的热点内容作为卖点，当然还要有自己的特色，这样的 IP 打造模式定会吸引粉丝的追捧和用户聚焦。

3.4.3 脱口秀：与明星开启 IP 营销

脱口秀（Talk Show）也称为谈话节目，主持人会策划一个话题来和观众谈论，经常通过广播和电视节目来播出。在互联网内容创业中，以脱口秀为内容形式的人物 IP 也比较多，如马三立（传统单口相声）、周立波（"海派清口"单口喜剧）、吉星（吉星开心秀）、汪涵与马可（越策越开心）、王尼玛《暴走大事件》、高晓松（晓松奇谈）、罗振宇（罗辑思维）等。

为此，YY LIVE 也重点推出了精彩的脱口秀直播栏目，集合了幽默搞笑的人气主播、段子手等，如图 3-36 所示。

2016 年 5 月 9 日，综艺界的"天王级 IP"吴宗宪在 YY 脱口秀频道直播，在不到半小时的直播过程中，就吸引了 72 万人在线观看，而且还有很多粉丝赠送礼物，充分证明了这个大 IP 强大的吸粉和吸金能力，如图 3-37 所示。

2016 年 9 月 10 日，钢琴王子郎朗在广州星海音乐厅举行独奏音乐会，同时还将在 YY 脱口秀频道直播"说段子"，推广和宣传古典音乐，变身为"主播"

与粉丝互动，如图 3-38 所示。

图 3-36　YY LIVE 脱口秀直播栏目

图 3-37　吴宗宪在 YY 脱口秀频道直播

图 3-38　郎朗在 YY 脱口秀直播宣传

YY LIVE 正在转型为一个 PUGC（全称：Professional User Generated Content，即"专业用户生产内容"或"专家生产内容"）模式平台，并且推出了一个"直播无限合作计划"，通过与各种明星合作来开启 IP 营销。

YY LIVE 将"网络直播 + 个性内容 + 跨界文化 + 明星伙伴"进行很好的融合，还推出了直播公众号和频道合伙人等多个项目，在内容营销和 IP 营销中进行了一次次尝试，以此打造出好声音、脱口秀等不同品类的互联网内容。

3.4.4 明星：合伙人引爆直播互动盛宴

YY LIVE 推出"频道合伙人"计划，在明星频道的"合伙人"包括了视觉星动、1931 女子偶像组合、湖南卫视综艺档、星座不求人等 IP。

例如，YY LIVE 与视觉星动共同推出"YY 9818 频道 行动全娱乐"栏目，为观众带来新鲜的娱乐资讯、八卦爆料以及时尚的综艺节目，如图 3-39 所示。

该栏目包括"星动主播""wuli 星现场""星动会客厅""星动健身房""Fashion Bar""夜夜生嗝""荷尔萌不萌""海洋奇妙 Yeah"等多个特色内容模块，领跑互动直播内容创新，以"时尚、娱乐、内容"为核心，打造"差异化"明星内容。

据悉，"Fashion Bar"首期上线便创下 5 万人次同时在线收看的纪录。

图 3-39 "YY 9818 频道 行动全娱乐"栏目

又如，YY LIVE 与湖南卫视综艺档合作推出直播节目录制探班、幕后揭秘、嘉宾互动、大咖明星采访等内容，如图 3-40 所示。

观众可以在此看到《天天向上》《快乐大本营》《夏日甜心》《汉语桥》《幻城》《旋风少女 2》《诛仙》《透鲜滴星期天》《我们来了》等上百场湖南卫视

综艺节目以及热播剧集的台前幕后花絮，同时还可以看到对汪涵、陈乔恩、刘嘉玲、赵雅芝、莫文蔚、汪东城、沈梦辰、江一燕、安以轩等大牌明星进行的现场采访。

图 3-40　YY 直播湖南卫视综艺档幕后花絮

　　YY 利用"网红＋直播"的形式，带粉丝们走进热门、好玩的节目和电视剧制作前线，以第一手资料赢得观众。

　　同时，这些"合伙人"还可以共享合作直播频道的权益，对其本身来说也是一种很好的宣传。

　　对于 YY 来说，可以借助"合伙人"的优质资源，对其内容进行梳理和优化，为用户带来更多的高品质娱乐内容，打造高人气、高价值的 IP。

3.4.5　酷玩：让更多达人与品牌参与

　　YY 酷玩频道集合了很多爱玩、会玩的时尚户外达人，同时还囊括了手机、汽车、VR 等新科技产品，如图 3-41 所示。

　　YY 酷玩频道中，可以看到有一道"户外主播招募令"，招募一些喜欢和善于户外活动的达人，还将通过推荐资源、直播补贴、官方轮麦等形式对这些主播进行扶持，用户只需保证自己的直播内容包含户外元素、直播过程流畅、画面清晰以及具有良好的形象、性格外向健谈等特点，即可报名参与。如图 3-42 所示为户外直播的主要内容形式，让优质主播生产内容更容易，也让粉丝可以更简单地参与到直播中。

图 3-41　YY 酷玩频道

图 3-42　户外直播的主要内容形式

同时，在 YY 酷玩频道还可以看到一些新科技产品的发布会和评测直播。例如，魅蓝手机的新品发布会就选择了 YY 酷玩频道，如图 3-43 所示。因为这里的用户都是一些喜欢新东西的人群，选择在此直播可以得到更高的用户转化率。

图 3-43　YY 直播魅蓝手机的新品发布会

同样，创业者或企业如果想让自己的IP变得更强，实现最大化的商业价值，则还需要一种特殊的IP，那就是品牌。就像YY的IP营销一样，让品牌与品牌之间实现跨界，形成更强大的IP，从而得到更多的关注，实现双方品牌的分享共赢。

3.4.6　体育：用跨界将体育直播娱乐化

体育也是YY直播重点布局的一个领域，甚至在频道主页打出了高薪招聘体育主播的告示，如图3-44所示。

图3-44　YY体育频道

同时，YY还通过与很多体育赛事合作，打造多元化的IP内容。例如，YY直播有"世界第一站立式格斗赛事""中国第一格斗品牌"之称的顶级综合格斗赛事平台——昆仑决，如图3-45所示。

图3-45　YY体育频道直播昆仑决

另外，YY 还取得了 2016 ICC 国际冠军杯的网络直播权，颠覆传统的足球直播体验，给用户带来不一样的重大体育赛事直播，如图 3-46 所示。

图 3-46 YY 体育频道直播 2016 ICC 国际冠军杯

比起风格单一的传统电视直播，YY 增添了更多的特色和新玩法，如美女主播跨界体育解说、丰富的互动活动礼品等，为人们带来了更多新的看点。

- 美女主播跨界体育解说：据悉，在 ICC 国际冠军杯期间，YY 为每场比赛都搭配了"一名人气主播＋两名对阵球队球迷"进行 PK 解说，观众可以赠送球队专属礼物，为支持的队伍投票。
- 在线奖励：用户只需每天首次在直播间观看比赛满 5 分钟，即可获得一个免费的"ICC 定制礼物"，可以用来支持自己喜欢的球队。
- 互动奖品：每场比赛都设置有多个奖项，观众可以通过答题或参与互动，抽取球队球衣、足球、珍藏版 T 恤、公仔、YY 子爵身份等多种奖品，如图 3-47 所示。

YY LIVE 是一个天然的娱乐平台，通过旗下丰富的明星资源、众多的美女主播等，与体育直播相结合后可以为其带来更多的利益，不但可以吸引更多粉丝关注，而且对于体育赛事本身也是一种不错的宣传。

有时候，IP 营销并不需要埋头苦思，创造新的产品、创作新的作品，比如《昆仑决》《ICC 国际冠军杯》甚至《NBA》等这些已经成功的超级 IP，虽然已经很成功、很受青睐，但如何将这些强 IP 变得更成功，实现商业价值和最大的收获，这时候就需要像 YY 这样的伙伴，需要跨界共赢。

图 3-47　丰富的互动活动礼品

3.5　其他：特色直播内容形式

　　直播的内容形式之丰富，令人为之惊叹。而除了以上我们介绍的几大典型的直播内容形式之外，还有苏宁易购、国美在线、聚划算、京东商城、汽车之家等直播内容形式，本节将一一为大家介绍。

3.5.1　苏宁易购：杨洋笑倾城嗨购夜

　　苏宁易购是苏宁云商集团股份有限公司旗下新一代 B2C（即商对客电子商务模式）网上购物平台，内容包括传统家电、3C 电器、日用百货，如图 3-48 所示。

图 3-48　苏宁易购的官网

苏宁易购于 2016 年 11 月 10 日举行了"苏宁易购嗨购夜"的主题活动，并邀请了杨洋和张天爱担任苏宁易购"笑倾城"城主，带领消费者"穿越双十一"。此次活动全程直播，为广大消费者带来了诸多惊喜，同时也为苏宁易购带来了喜人的销售业绩。如图 3-49 所示为"苏宁易购 high 购夜"的直播。

图 3-49 "苏宁易购 high 购夜"

苏宁易购方面表示，覆盖一街一巷一胡同的"笑倾城"，既是为了满足用户体验的深层需求，也是对千年商业繁华的致敬，更是与用户分享自己的全品类业态。

3.5.2 国美在线：推 PGC 开启未来生活

国美在线是国美集团旗下的大型综合购物平台，于 2016 年 10 月 28 日正式推出直播平台，拥有聊天、边看边买、免费领品牌券等功能。如图 3-50 所示为国美在线的官网首页。

图 3-50 国美在线的官网首页

国美在线直播大力推行由专业人士生产内容的 PGC 模式，专注于为用户提供更加专业、更高质量的内容，并相继打造《全球购》《大咖说》《看道潮电》等特色栏目，让用户在购物之余，还能得到精神享受。

对于国美在线直播来说，80 后、90 后的用户需求是最值得关注的。他们秉承着为年轻一代服务的理念，在单一的商品售卖中，提高用户的参与度，大力发展互动娱乐，如领红包、玩游戏等环节，全力打造场景化沟通互动平台，让用户享受更加亲切、有趣的购物体验。如图 3-51 所示为国美在线的直播。

图 3-51 国美在线的直播

国美在线直播推行 PGC 模式，为开启美好未来奠定良好基础，同时也打造了直播网购的新生活方式。

3.5.3 聚划算：汉式婚礼直播完美收官

聚划算是国内大型团购网站之一，其主要特点为物美价廉、便捷快速。如图 3-52 所示为聚划算的官网。

2016 年中秋节当天，聚划算策划直播一场中国古典的汉式婚礼，如图 3-53 所示为聚划算汉式婚礼的宣传图。

据了解，聚划算推出的汉式婚礼直播，收获了百万观看量的好成绩。除了人气演员胡兵的影响，淘宝直播红人 Yuki 酱喵也为此次活动增添了不少亮点。

另外，聚划算还携手平台上众多优质品牌，借助汉式婚礼的热点，各展身手。这些优质商家包括水星家纺、良品铺子、周大生、楼兰蜜语等。

图 3-52　聚划算的官网

图 3-53　聚划算汉式婚礼

在直播过程中，这些商家纷纷配合，为用户送优惠，有效地宣传了品牌，提升了产品销售量。

3.5.4　京东商城：费雪大牌说日圆满结束

京东商城是中国的大型自营式电商企业，也是综合性的网上购物商城。如图 3-54 所示为京东商城的官网。

2017 年 1 月 17 日，超高人气星座专家同道大叔与著名作曲家谭盾夫人妈咪 Jane 亲临京东直播现场，帮助妈妈们解读宝宝天赋，开启首度跨界合作。如图 3-55 所示为京东直播的界面。

图 3-54　京东商城的官网

图 3-55　京东商城直播界面

在此次直播活动中，观众在直播间与主持人进行热烈互动，同道大叔在直播间给妈妈们推荐"天赋神器"，帮助她们解决日常生活中的育儿烦恼。费雪还为用户准备了万元好礼，只要互动，就有机会获得费雪地垫。

京东商城的"费雪大牌说日"取得了圆满成功，一方面是因为京东的品牌优势、价格优势、自营优势等，另一方面是直播这种互动性极高的营销方式的影响。

3.5.5　蘑菇街：优质的女性时尚消费社区

蘑菇街隶属于杭州卷瓜网络有限公司，该公司于 2010 年 4 月 12 日成立。蘑菇街的定位群体为女性，平台主页如图 3-56 所示。

蘑菇街属于把购物与社区相互结合的内容电商平台，通过平台信息的提供可以为更多消费者提供更有效的购物决策与建议。蘑菇街每天的活跃用户较多，用户之间可以相互分享、相互帮助、发现折扣以及享受优惠，影响力十分广泛。在

蘑菇街的 APP 上，有诸多优质内容供用户去享用，比如各种攻略等，如图 3-57
和图 3-58 所示。

图 3-56   蘑菇街主页

图 3-57   APP 上攻略的位置

图 3-58   "穿衣搭配"攻略内容

此外，直播也是 APP 提供的重要功能，用户可以通过看直播，学到穿搭技巧，
淘到物美价廉的好货。直播的内容主要以美妆、穿搭为主，这也贴合了蘑菇街专
为女性设计的理念。如图 3-59 所示为蘑菇街的直播列表。

在蘑菇街的直播中，各种达人可以将自己认可的商品更加直接地展示给用户，
以获取边看边买的效果。如图 3-60 所示为一个达人在推荐一款百搭绑带凉鞋。

同时，蘑菇街的直播还专门打造了一个板块——栏目。这个板块的直播内容
更有针对性，更为专业，定时定期播出。其主要内容包括帮助用户学习穿搭、美妆、
健身等，而且，蘑菇街还邀请了知名大型女子组合 SNH48 坐镇，独家播出栏目《idol

进行式》。其中不仅有成员教大家如何化妆、穿搭，还会爆出组合中一些有趣的事情，比如日常生活大公开、练功房大公开等。如图 3-61 所示为蘑菇街的栏目板块。

此外，蘑菇街的直播还支持预约功能，用户可以通过设置预约提醒来观看自己关注的直播，如图 3-62 所示。这个功能促使用户更愿意通过看直播的方式来购物，从而也大大提升了蘑菇街平台的收益。

图 3-59　APP 上的直播列表

图 3-60　APP 上的直播页面

图 3-61　APP 上的直播栏目

图 3-62　APP 上的直播预约

蘑菇街的直播相对于其他平台的直播而言，更为专业和有针对性，难怪会受到如此多女性的青睐。

3.5.6 汽车之家：专业性内容的全程服务

汽车之家网站主要为用户提供汽车报价、图片、新闻、行情、评测以及导购等内容，并且提供买车、用车、养车及与汽车生活相关的全程服务，如图 3-63 所示。

图 3-63 汽车之家主页

作为汽车垂直类网站的"一哥"汽车之家也紧跟直播的潮流，在网站推出了直播功能。这样的创新拓展使汽车之家在汽车类网站的地位越发稳固。如图 3-64 所示为汽车之家直播的页面。

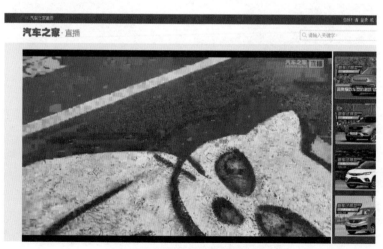

图 3-64 汽车之家的直播页面

可以看出，汽车之家的直播页面十分简洁，画面也很清晰，右侧还有相关车型可供用户选择。此外，汽车之家的直播还进行了详细的分类，以便用户选择观看，如图 3-65 所示。

图 3-65　汽车之家直播的分类

从图 3-65 中可以看出，如果用户不小心错过了直播，还可以观看重播。在这些直播中，用户不仅可以了解各种汽车的外形、性能、优缺点，还可以跟着主播一起学习汽车的相关知识。

此外，汽车之家还专门开设了教用户怎么选车的直播板块——"高能选车团"，如图 3-66 所示。用户可以通过发弹幕与主播进行交流，从而解决自己不知道如何选车的问题。

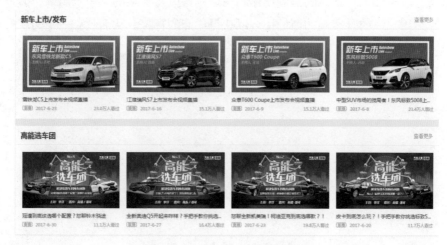

图 3-66　汽车之家的"高能选车团"

如果用户对于哪款车的发布有兴趣，还可以预约直播。汽车之家开设了专门的直播预告板块，如图 3-67 所示。

图 3-67　汽车之家的"直播预告"

汽车之家专业性内容的全程服务搭配直播的形式，为汽车之家开启了一个更加美好的未来，形成三方共赢的格局。

有了直播，用户买车将会更加放心、便捷；同时，商家也会获得更为丰厚的利润，打造更为响亮的品牌。而对于处于两者中间的主播们来说，不但可以将自己丰富的汽车知识、娴熟的驾驶操作和修理技巧以及更多的车商资源等，通过直播分享给用户，同时客观的评价还可以获得厂商的青睐，从而收获一定的广告费等收入。

第4章

挖掘：主播的 IP 潜质

学前提示

　　互联网技术的成熟大大地降低了主播的门槛，让更多人的梦想得以低成本实现。而到了以粉丝经济为基础的红人经济时代，主播所花费的成本将变得更低，而回报也会更大。本章主要介绍 IP 的主要属性、人物 IP 的特点、以及 IP 如何掘金，帮助主播挖掘其 IP 潜质。

要点展示

▶ 主播：强 IP 属性
▶ 沉淀：人物 IP 特点
▶ 输出：IP 的产业链
▶ 掘金：IP 的取胜之道

4.1 主播：强 IP 属性

满世界都在谈论 IP，IP 究竟是什么？简而言之，IP 就是招牌。它是当今互联网营销的一个重要手段和模式。为了更好地了解主播如何通过直播平台进行营销，我们有必要事先了解主播的强 IP 属性。

4.1.1 传播属性：IP 覆盖内容超广

随着移动互联网的飞速发展，网络上各种内容传播的速度也不断加快，作为一个 IP，无论是人还是事物，也都需要在社交平台上拥有较高的传播率。只有在 QQ、微信、微博这三大主要的移动社交平台上都得到传播，才符合一个强 IP 的要求，三者缺一不可。

例如，2016 年 3 月 24 日，为电竞游戏《英雄联盟》量身定做的主题曲《英雄》在 QQ 音乐登陆。周杰伦本身作为一个超级大 IP，一举一动都会引起众人的关注，再加上与热门的电子竞技强强联手，这一单曲不出意外地赢得了众多歌迷和游戏用户的好评，并得到了广泛的传播。

除此之外，这首歌还在微博平台进行了大力的宣传与传播。如图 4-1 所示为 QQ 音乐官方微博对《英雄》的宣传。

图 4-1　QQ 音乐官方微博对《英雄》的宣传

这条微博在极短的时间内就有上万人进行转发，还有粉丝发起了 # 英雄联盟主题曲 # 的微博话题，随后众多粉丝和乐迷进行转发和原创，使这一事件吸引了更多的人参与传播。如图4-2所示为关于《英雄》的微博话题。

图 4-2 微博话题 # 英雄联盟主题曲 #

在其他移动社交平台，《英雄》这首歌也被火热地传播，如QQ空间、微信朋友圈等。如图4-3所示为用户在朋友圈主动分享《英雄》这首歌。

图 4-3 《英雄》在朋友圈传播

从这一个事件就可以看出，一个强大的IP所必需的属性就是传播。只有传播的范围够广，才能影响到各个方面，从而得到更多的利益回报。这也是主播需要学习的地方，在各个不同的平台推广自己，才能成为影响力更强的 IP。

同时，口碑也是 IP 传播属性的重要体现环节。所谓口碑，也就是人们对一个人或一种事物的评价。很多时候，人们的口耳相传往往比其他宣传方式更加直接有效。例如，台湾大型连锁书店——诚品书店就是一个具有良好口碑的 IP。相信去过台湾的文艺青年对其都不会感到陌生。如图 4-4 所示为诚品书店的官网。

图 4-4　诚品书店的官网

诚品书店之所以能够深入人心，是因为其十分注重 IP 具备的口碑传播属性。口碑传播越强，品牌效应也就会越大，那么营销也会越成功。因此，主播需要像诚品书店这个 IP 一样，全力塑造自己的口碑，这样就能传播得更广。

▶ **专家提醒**

> 诚品书店作为一个独具文化特色的品牌，凭借其"连锁不复制"的理念和经营多年积累起来的口碑，已经将各种商业活动拓展开来，如文艺展览、网络购物、旅行、不动产，等等。

4.1.2　内容属性：IP 优质且有价值

如果一个 IP 想要吸引更多平台用户，就应该打造优质并且真正有价值的内容。内容属性作为 IP 的一个必不可少的属性，究竟包含了哪些特征呢？

在如今这个"营销当道"的社会，内容的重要性是不言而喻的。随着时代的发展，平台的多样化，从微博到微信公众号，内容生产者的自由度也越来越高。他们拥有更多的机会生产碎片化的内容，相应的，内容也开始变得多彩多姿、个性十足。如图 4-5 所示为微信公众号的内容。

图 4-5　微信公众号的内容

面对如此繁杂的信息内容，用户不免有些审美疲劳，那么，该如何吸引用户的眼球呢？这时候，就需要内容生产者时刻把握市场的动态，关注用户的需求，然后生产出相应的内容，打造出一个强大的 IP。

在这方面，爱玛电动车可以说是一个典范。2017 年 6 月 14 日，爱玛电动车推出了极客 X6 威震天高端电动车。如图 4-6 所示，爱玛电动车在微信公众号发布了这样一条信息："有了他，从此开启雄赳赳的霸气人生……"

图 4-6　爱玛电动车的微信公众号内容

在这条信息中，爱玛电动车将同一时间电影界流行的《变形金刚5》和自家产品结合在一起，利用"变形金刚"这个强 IP 给产品内容锦上添花，可谓妙哉！主播作为一个需要成为强大 IP 的主体，也应向企业认知 IP 内容属性的方法进行模仿和学习，即努力去迎合市场的需求，抓住大众的心理，努力创造优质且有价值的内容。

除此之外，内容属性与年轻群体的追求也是分不开的。一个 IP 是否强大，主要是看他塑造出来的内容是否符合年轻人的喜好。

例如，被冠以"2016 年第一网红"称号的 papi 酱就是这样一个超级 IP。如她自己所说，她是一个普通的大龄女青年，也是一个集美貌、才华与智慧于一身的美少女。她之所以能够成为一个强 IP，是因为她发布的一些视频大部分都有着清晰的价值观，在内容上贴近年轻人的追求，崇尚真实，摒弃"虚伪"，用幽默的方式对一切"装"的行为进行吐槽。

2016 年 6 月 27 日，papi 酱发布了关于"你有酱婶儿的盆友吗？"为话题的视频，在视频中重点突出朋友交往中种种做作、虚伪、虚荣的表现。papi 酱独特的表演方式，集夸张、幽默、搞笑于一体，吸引了众多用户的关注，搜狐视频上更是有上万人订阅她的视频节目。

如图 4-7 所示为 papi 酱发布的视频。

图 4-7　papi 酱视频

总之，成为一个强 IP 不仅内容要有质量，还要无限贴近年轻人的追求。主播也是一样，创造的内容要优质且有价值才能吸引广大年轻群体的目光。

4.1.3　情感属性：IP 引起情感共鸣

一个 IP 的情感属性容易引起人们的情感共鸣，能够唤起人们心中相同的情感经历，并得到广泛认可。主播如果能利用这种特殊的情感属性，那么将会得到更多用户的追捧和认同。

例如，2016 年 1 月 23 日，全新明星综艺真人秀《旋风孝子》在湖南卫视隆重开播，在第一期播出后就获得了广泛好评，并在网络上引起了热烈的讨论。

如图 4-8 所示为新浪微博中关于《旋风孝子》的话题。

图 4-8 《旋风孝子》微博话题

《旋风孝子》凭借其真实感和强大的明星阵容，使 2016 年掀起了一阵"孝"文化的热潮。而这档节目也因为带有"孝"这一特殊的情感属性，故而迅速地成为一个超级 IP。

TCL 早在《旋风孝子》开播前就抓住机遇成为节目唯一的家电类合作商，在广告植入方面，TCL 可谓是软硬兼施。

它不仅在节目播出之前进行广告插播，直接展示产品的性能和企业的身份，还在节目之中不露痕迹地植入了 TCL 的产品。

▶ **专家提醒**

TCL 品牌与《旋风孝子》的合作基于双方共同的利益，同时也是基于两者情感观念的一致。

TCL 早在 2015 年就开始重塑品牌内涵，并于 2015 年年底推出"创意感动生活"活动，还专门开设了"TCL 创意感动生活"官方微博。这一行为既贴近用户的情感需求，也为企业营销打下了良好的基础。

如图 4-9 所示为《旋风孝子》第一集的片段，对家务一窍不通的黄晓明执意为母亲洗衣服时，TCL 洗衣机的特写走入了用户的视野，吸引了无数用户的关注。

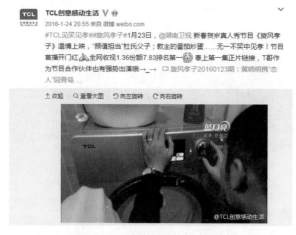

图 4-9　《旋风孝子》TCL 特写

TCL 选择这种 IP 情感的战略是无比明智的，只有与有相同情感诉求的品牌、企业合作，才能将情感属性放大，引发用户情感共鸣，促进 IP 品牌营销，拓宽发展空间。主播也应具备这种情感属性，找到自己的特质，让用户产生情感共鸣和归属感。

4.1.4　粉丝属性：IP 粉丝黏性极强

"粉丝"这个名词相信大家都不会陌生，那么"粉丝经济"呢？作为互联网营销中的一个热门词汇，它向我们展示了粉丝支撑起来的强大 IP 营销力量。可以说，IP 就是由粉丝孵化而来的。没有粉丝，也就没有 IP。

哪个行业的粉丝数量最为壮观呢？当属影视行业无疑。纵观当下的电视剧，一开播甚至还未开播时就已引得无数粉丝关注议论，无论是《楚乔传》《夏至未至》《龙珠传奇》《欢乐颂2》《白鹿原》《一粒红尘》还是国外的《生活大爆炸》《四重奏》《深夜食堂》，它们都有一个共同之处——热门 IP。

▶ 专家提醒

热门 IP 如何由粉丝孵化而来呢？

以《楚乔传》为例，它改编自潇湘冬儿的小说《11 处特工皇妃》，这部小说在诞生以来就受到众多粉丝的追捧与喜爱，连续在潇湘书院的各大排行榜名列前茅。这样热门的小说本身就是一个很好的 IP，而且往往会自带粉丝，为电视剧的营销作了良好的铺垫。

热门IP自带的粉丝属性，能给营销带来无可比拟的方便。如图4-10所示为《11处特工皇妃》在潇湘书院的阅读界面，阅读量上亿。由此可见，这样一个火爆的IP自然会使电视剧还没拍就已引起大众的热切关注了。

图 4-10　《11 处特工皇妃》

凭借这样热门的IP，《楚乔传》获得了坚实的粉丝基础。而想要进行IP营销，则还需与粉丝进行互动，从而让用户主动参与到企业的IP营销之中。

在这一点上，《楚乔传》在微博上开启了话题，引起了粉丝的开放式讨论，形成了强大的宣传效果。如图4-11所示为《楚乔传》在微博上的话题界面。

图 4-11　《楚乔传》微博话题

　　此外，在播放《楚乔传》的搜狐平台，还设置了粉丝投票的环节，让粉丝与电视剧进行互动，同时在互动过程中，电视剧制作方也可以更好地把握观众的喜好偏向。如图 4-12 所示为搜狐的观众投票界面。

图 4-12　搜狐的《楚乔传》投票活动

　　这些互动为《楚乔传》这部剧塑造了一个强大的 IP 形象，成为当下影视行业的焦点，这一切都离不开粉丝的支持。

　　当然，"粉丝经济"不仅仅在于为 IP 带来影响力和推广力，最重要的还在于将粉丝的力量转变为实实在在的利润，即粉丝变现。例如，电视剧《何以笙箫默》的爆红使其成为一个强大的 IP，于是该剧的播放平台东方卫视与天猫电商强强联手，达成跨界合作，玩转 T2O（TV to Online）模式。

　　粉丝只需在观看电视剧时，打开手机天猫客户端，轻轻一扫东方卫视的台标，就可以进入电视剧的互动页面，随即便可购买《何以笙箫默》中的同款产品，如衣服、鞋子、包包等。如图 4-13 所示为《何以笙箫默》中主演人员同款产品的天猫链接。

　　这样的合作方式给《何以笙箫默》和天猫都带了巨大的经济效益，而《何以笙箫默》的 IP 营销也是大获成功，粉丝变现得以实现。电视剧《何以笙箫默》与天猫有着类似的受众群，因此给双方都带来了巨大的粉丝量。粉丝摇身一变成为消费者，其潜在购买力被激发，转变为看得见的利润。

　　粉丝属性是 IP 的重要属性，粉丝不仅能为企业传播和宣传品牌，还能为企业的利润赚取作出贡献。主播也应学会经营粉丝，这样才能成为一个超级 IP。

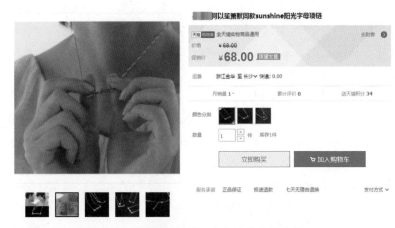

图 4-13 《何以笙箫默》中主演的同款产品

4.1.5 前景属性：IP 商业前景良好

一个强大的 IP，必定具备一个良好的商业前景。

以音乐为例，如果一个原创歌手想要将自己的歌曲打造成一个强 IP，就必须给歌曲赋予商业价值。随着时代的发展，音乐领域的商业价值不仅体现在唱片的实体销售量上，而且还包括付费下载和在线播放量。只有把握好各方面的条件，才能卖出更多的产品，打造强大的 IP。

例如，火爆的少年偶像组合 TFBOYS，在人气、唱片销量和传播范围上都占据着领先的地位。如图 4-14 所示是 TFBOYS 为知名综艺节目《快乐大本营》20周年演唱的歌曲在 QQ 音乐首页的展示。

图 4-14 TFBOYS 演唱的《同一秒快乐》在 QQ 音乐首页的展示

TFBOYS 在刚出道时虽然遭遇了重重困难，但时间证明，他们的商业价值是不可估量的。TFBOYS 不仅目前已经成为一个十分强大的 IP，而且其前景也是一片大好。从最初的音乐到后来的影视、综艺、广告等多个方面，相信 TFBOYS 这个名副其实超级 IP 以后还会延伸到更广的领域。

当然，既然说的是前景属性，那么并非所有的产品在当下都具有商业价值。企业要懂得挖掘那些有潜力的 IP，打破思维固态，从多方位、多角度进行思考，全力打造符合用户需求的 IP，才会赢得 IP 带来的人气，从而获取大量利润。主播同样也要学会高瞻远瞩，看准发展方向，拓宽发展空间，才能成为一个强 IP。

除此之外，伴随性也是一个好的 IP 不可或缺的特征。何谓伴随性？简单地说就是陪伴成长。打个比方，如果你面前有两个产品供你选择，价格相等，你会选你从小看到大的动漫，还是长大以后才看的动漫？相信大多数人都会选择从小看到大的动漫，因为那是陪伴他一起成长的，其中承载了成长的点滴。

例如，日本动画片《哆啦 A 梦》已经诞生几十年了，但相关的动画片还是在播放，火热程度也依然不减当年。

如图 4-15 所示为《哆啦 A 梦》在 2017 年六一儿童节之际为最新电影《哆啦 A 梦：大雄的南极冰冰凉大冒险》所作的宣传。

图 4-15　《哆啦 A 梦》电影宣传

所以说，一个 IP 的伴随性也直接体现了其前景性。如果 IP 伴随着一代又一代的人成长，那么他就会打破时间和空间的限制，制造出无穷无尽的商业价值，历久弥新。作为主播，当然也要懂得陪伴的重要性，这样才能成为具有商业价值和市场前景的 IP。

4.1.6　内涵属性：IP 内在十分深厚

一个 IP 的属性除了体现在外部的价值、前景等方面，还应注重其内在特有的情怀和内涵，而内涵则包括很多方面。例如积极的人生意义、引发人们思考和追求的情怀以及植入深刻价值观等。但 IP 最主要的目的还是营销。所以，IP 的内涵属性只有与品牌自身的观念、价值相契合，才能吸引用户的眼球，将产品推销出去。

例如，《功夫熊猫》这个本身就带有超级热点的强 IP，凭借着独有的武侠情怀和曲折复杂的故事内容成为 IP 中的佼佼者。而康师傅在《功夫熊猫 3》的召唤下，也借势加入了 IP 营销的行列之中。如图 4-16 所示为康师傅与东方梦工厂合作拍的《功夫熊猫 3》的番外剧《一碗面的功夫》。

图 4-16　康师傅《一碗面的功夫》

康师傅与《功夫熊猫 3》达成的品牌合作，将企业专注于美食文化的内涵与电影中所传达的坚持、自然、传统的精神相融合，通过全新的形式将饮食文化中的亮点和深刻内涵，呈现给广大影迷和美食爱好者。

从康师傅这个 IP 营销可以看出，企业需要将自身的特质内涵与 IP 相结合，才能让 IP 营销显得无懈可击，让消费者自愿参与到营销之中，让企业的 IP 走上强大之路。主播也是一样，只有将自身的闪光点与品牌结合起来，才能成为一个强 IP。

除了这种方法，企业还可以对 IP 进行改编，从而推出产品。当然，改编经典的 IP 的关键就在于体现出更加丰富的内涵。

▶ **专家提醒**

> 丰富 IP 内涵，需要企业将主要精力放在内容的制作上，而不是单纯地追求利益最大化，急功近利是打造 IP 的大忌。只有用心，才会使用户投入其中，从而彰显出 IP 的内在价值。

4.1.7 故事属性：IP 故事内容丰富

故事属性是 IP 吸引用户关注度的关键属性，一个好的 IP，必定是有很强的故事性的。

例如，著名的《西游记》为什么会成为一个大 IP？其主要原因就在于它故事性强。一个墨守成规的和尚，一个大胆勇敢、疾恶如仇的猴子，一个好吃懒做、爱占小便宜的猪，一个憨厚老实、默默无闻的挑夫，还有一个台词最少的白龙马……在去往西天取经的路上，经历了"九九八十一难"，酸甜苦辣都尝遍，最终取得真经，普度众生。仅仅是这几个主人公的个性特点，就能让人们谈论得津津有味。《西游记》的故事性是无可比拟的，自然也就成为强 IP。

如图 4-17 所示为改编自《西游记》的国产 3D 动画电影《西游记之大圣归来》剧照。

图 4-17　《西游记之大圣归来》剧照

不仅如此，随着《西游记之大圣归来》的火热播出，一系列相关产品也相继推出，这个强IP的故事属性使营销变得更加简单。

如果我们仔细分析每一个强IP，都不难发现他们都有一个共同点——故事性强。正是这些IP背后的故事，激发了用户的兴趣，引起了市场轰动。

自《致我们终将逝去的青春》开始，电影界就掀起了一股"青春校园"的热潮。例如，《匆匆那年》《同桌的你》《左耳》《睡在我上铺的兄弟》……这些年大热的国产青春片，触动了不少人的回忆与情怀，也吸引了大量的观众和资本。尽管人们对其内容褒贬不一，但还是在票房和影响力上取得了非凡的成绩。这其中的原因就在于这些青春题材的电影故事性强，正好与用户的口味相符。

根据作家刘同的小说《谁的青春不迷茫》改编而成的同名电影赢得了大众的喜爱，因为它保持了对原著的尊重，在挑选演员方面也没有依靠大腕明星吸引观众，而是选择了年轻团队，凭借故事和对青春的尊敬来赢得IP的成功。如图4-18所示为电影《谁的青春不迷茫》在微博上的影评。

图4-18　电影《谁的青春不迷茫》微博影评

青春时代承载了人们太多美好的回忆，也累积了很多有趣的故事。长大成人之后很少能拥有那份纯真，所以这也是青春电影受到热烈欢迎的原因。

好的故事总是招人喜欢的，在IP的这种故事属性中，故事内容的丰富性是重中之重。对于主播来说，如果你有好的故事，就一定能吸引用户的关注。没有好的故事，那也只会火热一时，最终成为过往云烟，被用户遗忘。

4.2 沉淀：人物 IP 特点

打造人物 IP 的本质其实还是内容，因为吸引粉丝要靠内容。那些能够沉淀大量粉丝的人物 IP 除了拥有优质的内容外，他们还有一些共性的特点，本节将进行具体分析。

4.2.1 兴起：社交网络媒体发展

人物 IP 的兴起并不是偶然现象，而是社交网络媒体发展过程中的一种新产品，其中网红就是最直接的体现，网红们也因此成了最大的受益者。

例如，新浪微博 2015 年的广告与营销收入占总收入的 80%，微博也从中看到新的商机，因此重点打造了"红人淘"移动平台，以社交电商模式将强大的设计关系实现变现。

"红人淘"是微博与淘宝合作推出的移动产品，实现了红人经济与电商平台的结合，其中，淘宝带来了庞大的商品库，而微博则提供了优质的内容，从而将"红人淘"打造成为一个有价值的购物社区和分享平台。同时，平台还基于红人经济推出了内容合作模式，只要创业者有独创的、拥有版权的内容或者丰富的导购经验，擅长搭配、有个性、有品位、有颜值等，即可加盟"红人淘"平台。

从目前来看，正是微博、微信等设计网络媒体的环境变更催生了网红，同时也刮起了"IP"营销风潮。那些被粉丝追逐的人物 IP，他们在社交网络媒体上都拥有良好的用户基础，所以才能取得好的成绩，尤其是一些热点 IP，更是成为内容营销的争抢目标。

如图 4-19 所示为生于社交网络媒体的人物 IP 的主要特点。

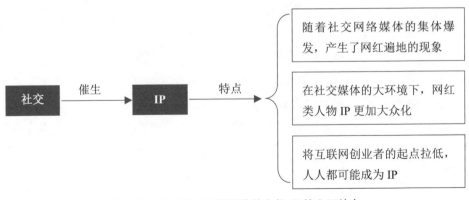

图 4-19　生于社交网络媒体的人物 IP 的主要特点

社交网络媒体的流行，尤其是移动社交平台的火爆，让很多能够创造优质内容的互联网创业者成为自媒体网红，这种趋势还将进一步延伸。

4.2.2 考量：商业变现能力较强

当然，要想获得真正的成功，一个重要的考量就是"变现"，即使你具备再强的实力，但却赚不到一分钱，那么你的价值就没有得到真正的体现。

如今，人物 IP 的变现方式也越来越多，如广告、游戏、拍片、主播、社群、网店、微商、商业服务、卖会员、VIP 以及粉丝打赏等。

例如，2014 年 9 月，腾讯推出了《天龙八部 3D》手机游戏，将 PC 端的游戏精髓复制到手机端，并且通过应用宝、QQ 浏览器、QQ 游戏大厅等多平台结合推广，快速吸引流量。结果，只用了短短两个月的时间，《天龙八部 3D》就获得了超过两个亿的流量数据。

由此可见，人物 IP 只有具备较强的商业变现能力，才能获得真正的互联网和粉丝经济的红利。

4.2.3 生产：年轻有个性的内容

作为人物 IP 的重要条件，创造内容如今也出现年轻化、个性化等趋势。要创作出与众不同的内容，虽然不要求你有多高的学历，但至少要能闪现点有价值的东西出来。从某方面来看，读书和阅历的多少，直接决定了你的内容创造水平。

例如，根据大型游戏《仙剑奇侠传》拍摄的电视剧，也俘获了一批粉丝而成为超级 IP，这也是其内容的吸引力表现所在。其中，作者将江湖与神话进行完美融合，通过一种全新的电视剧方式来展现游戏场景，以勾起粉丝的童年记忆。

2015 年，仙剑系列再添一部网络剧——《仙剑客栈》，这部网络剧主要是应观众要求，将主角李逍遥设计为重回 19 岁，将赵灵儿、林月如、阿奴等游戏角色的剧情进行了重新设定，以他们最终共同经营江湖第一客栈的完美结局，弥补了第一部中的悲情结局。据悉，《仙剑客栈》第一季的播放量就突破了 4 亿次，这是其满足粉丝要求的完美内容所带来的收获。

总之，在互联网内容创业中，内容不能太简单地平铺直叙或自卖自夸，而要用更新颖有趣的方式进行创意营销。《仙剑》系列产品显然都是作过这方面研究的，他们通过片花、预告片的传播互动情况来分析受众的类型与喜好，从而在内容上作出改进，这也是其成功的要点之一。

4.2.4　传播：跨越平台延伸领域

在进行内容传播时，主播切不可只依赖单一的平台，在互联网中讲究的是"泛娱乐"战略，主播或企业可以 IP 为核心，将内容向游戏、文学、音乐、影视等互联网产业延伸，用 IP 来连接和聚合粉丝情感。

企业可以借助各种新媒体平台，与粉丝真正建立联系，同时，这些新媒体还具有互动性和不受时间空间限制的特点。

4.2.5　定位：明确的核心价值观

要想成为超级 IP，首先需要一个明确的核心价值观，即平常所说的产品定位，也就是能为用户带来什么价值。

例如，2015 年问世的动画电影《超能陆战队》是由迪士尼与漫威联合出品的。《超能陆战队》的推出让人们都记住了"大白"这个"呆萌"的动画人物。另外，由影视剧衍生的大白公仔、玩具等产品在市场上销售火爆。

当然，迪士尼的精心策划是《超能陆战队》获得成功的主要原因之一，但更多的原因是《超能陆战队》的 IP 抓住了差异化定位，有明确的核心价值观，那就是在青少年、儿童人群中塑造一个英雄式的强势 IP。

总之，企业在打造 IP 的过程中，只有价值观明确，才能轻松作出决定，对内容和产品进行定位，才能突出自身独特的魅力，从而快速吸引关注。

4.2.6　诀窍：节目内容的频次高

如今，大部分超级 IP 都经营了 3 年以上，正是有他们连续性、高频次的内容输出，才抓住了这样的机会，而他们的产品供应链和服务体系并不输于一些大规模的企业。例如，2010 年便成名的 IP——"天才小熊猫"张建伟，就在当年的"3Q 大战"中凭借《右下角的战争》系列脱颖而出。

"天才小熊猫"坚持内容为王，借助奇虎 360 与腾讯之间的"3Q 大战"，将一小段子通过 GIF 动画的形式融入自己的创意，提高了内容的趣味性，同时运用系列方式持续性输出内容，增加了故事性和情节性，具有很高的可读性。"天才小熊猫"在微博上发布的内容频次比较高，这也是他成功黏住粉丝的要点所在。

4.2.7　培养：人格化的偶像气质

在打造人物 IP 的过程中，主播需要培养自身的正能量和亲和力，可以将一些正面、时尚的内容以比较温暖的形式第一时间传递给粉丝，让他们信任你，在他们心中产生一种具备人格化的偶像气质。有人说，在过分追求"颜值"的年代，"主要看气质"的流行蕴含着"正能量"。不过，对于互联网创业者来说，要想达到气质偶像的级别，首先还是要培养人格化的魅力，如图 4-20 所示。

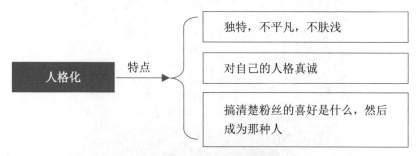

图 4-20　人格化的特点表现

俗话说，"小胜在于技巧，中胜在于实力，大胜在于人格"，在互联网中这句话同样有分量，那些超级 IP 们之所以能受到别人的欢迎、接纳，其实这也从侧面说明他具备了一定的人格魅力。

4.3　输出：IP 的产业链

从 YY 开始直播之路至今，直播市场已经历了 7 年多的发展，尤其是 2013 年游戏直播兴起，互联网上涌现了一大批直播平台。如今，直播行业进入了发展的高峰期，同时直播主播类人物 IP 也正式形成了一套完善的输出产业链。

4.3.1　主播：才艺内容与平台扶持是关键

要想成为直播主播，首先你需要有一技之长，这样才能吸引网友关注。例如，美国男歌手查理•普斯 (Charlie Puth) 就是依靠唱歌这门才艺，从网红跨越到"真正的歌星"。最初，查理•普斯将自己演唱的歌曲发布到社交平台来吸引粉丝关注，得到一定的粉丝数量后便开始发表个人原创专辑。

2015 年 4 月，名不见经传的查理•普斯与美国著名说唱歌手维兹•卡利法 (Wiz Khalifa) 合作，推出了《速度与激情 7》的单曲《See You Again》，并且获得了"公告牌百强单曲榜"冠军，如图 4-21 所示。

图 4-21 《See You Again》的歌曲宣传

查理·普斯通过自己的才艺，进行了一系列的"洗底"动作，如制作节目主题曲，与多个红星合作，写歌、合唱及监制，让自己从网红过渡到"真正红"。

当然，在国内主播们除了自己拥有才艺内容外，还需要直播平台的扶持，才能完成从网红到网红经济的跨越，实现其名利双收的 IP 价值。如图 4-22 所示，打造网红主播的平台主要包括社交平台、网红经纪公司、供应链生产商或平台。

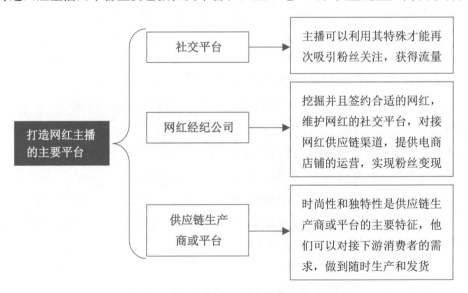

图 4-22 打造网红主播的平台

同时，这些平台也在相互渗透。例如，作为移动设计平台"领头羊"的手机QQ 也在一级菜单中推出"直播"入口，如图 4-23 所示。这种改变，使主播们实现了引流和内容发布等供应链的集中，进一步缩短了粉丝变现的时间。

图 4-23 手机 QQ 的"直播"功能

可以发现，如今直播已经成为继 QQ、微博、微信等社交平台之后的互联网流量中心，主播们强大的粉丝黏性将为这些供应链平台带来更多的价值。

4.3.2 公会：打造 IP 为娱乐带来新生态

从图 4-24 最右侧的图片中可以发现，大部分主播有一个"所属公会"，而且这些公会通常会收取占主播收入一定比例的抽成。公会在直播行业的供应链中占据很重要的地位，他们不但控制了下游的主播，而且还拥有强大的营销、市场、传播、技术等能力。如图 4-24 所示为 YY 直播平台上的一些大公会。

图 4-24 YY 直播平台上的一些大公会

尤其在以主播为内容本身的秀场直播中，公会对于平台的价值非常大，他们不仅管理着大批的优质主播，而且还可以不断地向平台输送内容，如图4-25所示。

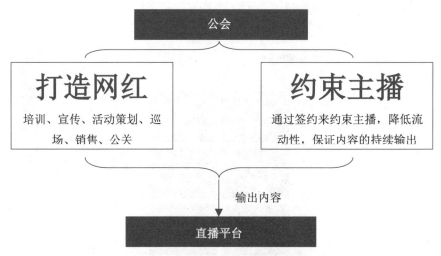

图 4-25　公会对于直播供应链的作用

其实，公会本质上就是一个小型的经纪公司，并且构建了主播的三级经济链条。对于那些拥有好的内容，而且播出时间比较稳定的主播，公会会进行推荐，从而将普通的主播炒红。

公会与经纪公司的目的是一致的，他们都是为了向直播行业输送最优质的IP，不断培养优秀的内容创作者，打造娱乐新生态。

4.3.3　平台：完善产业链构建新商业模式

好的直播平台可以快速吸引主播入驻，而且这些主播同时也能为平台带来更多的用户和收入，他们之间的关系如图4-26所示。

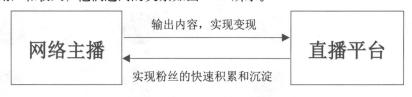

图 4-26　主播与平台的关系

各种直播平台的出现也让IP争夺变得越来越激烈，而且很多平台开始借势于电视剧、电影、综艺等热门IP，帮助平台吸引更多新用户。例如，2016届超级女声长期在芒果TV、花椒等平台上直播，为湖南卫视带来了更多的用户。

同时，在各种直播平台上，用户不但可以看到熟悉的网红主播，而且还能看到很多明星艺人的直播。这些影视综艺 IP 与直播平台的合作，对于双方来说是一件互惠互利的事情。

例如，2016 年 3 月 9 日，在赶往巴黎时装周的路上，知名演员范冰冰使用《Ella》的官方账号，在美拍平台上一路直播，吸引了近 30 万人同时在线观看，而且《Ella》也在一小时内获得了 10 万粉丝。

对于直播平台来说，主播、明星、企业等 IP 都拥有自身的定位和功能，他们自上而下在平台上的结合，可以形成一条完整的产业链结构，并逐渐形成一种新的商业模式。

4.4 掘金：IP 的取胜之道

网络红人们强大的影响力、号召力使"红人"成为一种新的经济模式，在各种内容形式的网红带动下，IP 逐渐摆脱文娱产业的束缚，如钟表老师傅王津，就是因专业的古董修复技术而成为网络红人。由此可见，在红人经济的带动下，IP 开始向整个经济市场迈进。

本节将介绍红人经济掘金 IP 的取胜之道，解析主播应该具备的能力。

4.4.1 定位 + 预测：数据分析能力

首先，主播如果想要吸引用户关注，就需要具备一定的大数据分析能力。

各种数据的主要功能如下。

● 关注量与订阅用户数量等数据说明了你的内容被多少人推送。

● 阅读量可以体现你的文章标题是否具有吸引力。

● 转载量可以体现内容质量的优劣。

● 新增的关注与订阅人数则说明了持续输出的内容是否有价值。

● 用户转化比例数据可以体现你推广的商品解决用户的需求程度、营销活动的吸引力程度，同时还可以反映产品与关注用户是否精准匹配。

主播进行直播和积攒人气需要数据支撑。例如，被称为"数据模型下的神奇预言家"的大卫·罗斯柴尔德（David Rothschild），就曾运用大数据分析技术成功预测出 24 个奥斯卡奖项中的 21 个，准确率高达 87%。

同样的，主播运用大数据来分析直播内容、粉丝等数据，可以实现更精准的内容准备和营销。

4.4.2 社交 + 平台：运营维护能力

社交平台是在互联网中获得粉丝的关键阵地，对于主播来说，还需要掌握社交平台的运营维护能力。

总之，只有运营好微信、微博、QQ 等社交平台，才能将粉丝的力量转化为真金白银。主播可以在社交平台上与粉丝进行沟通和交流，利用他们感兴趣的内容来吸引他们，即可从中获得巨大利益。

4.4.3 服务 + 新品：设计能力

为了迎合互联网粉丝的喜好，尤其是数量庞大的"90 后"用户，主播和企业还需要掌握极强的新产品或服务设计能力。

例如，腾讯、新浪微博中有一个十分有个性的表情包——"阿狸"，就因为"萌"这个特点受到年轻粉丝的喜爱，如图 4-27 所示。

图 4-27 "萌萌哒"的阿狸表情包受到了很多年轻网友的喜爱

▶ **专家提醒**

"阿狸"之所以能取得成功，最主要的原因就是它的外表设计和用户定位。设计者不但赋予了"阿狸"较萌的形象，而且还为它设计了相应的性格、星座以及英文名称，并将用户锁定在年轻的学生和女性白领群体上，使其得到了快速传播。

其实，"阿狸"最初只是一个简单的绘本，但借助优质的内容以及符合粉丝欣赏水平的设计，赢得了大量粉丝，成为比较优质的大 IP。另外，内容创新也是"阿狸"的一大特色，并且通过绘本、视频、表情包、壁纸以及周边商品等多种形式来传播。

目前，"阿狸"常年排在百度贴吧的前一百位，而且在各类社交、博客平台的粉丝累计也已近千万。"阿狸"推出的产品都是以互联网为基础，使用碎片化的内容来潜移默化地影响粉丝，加强"阿狸"在他们心中的品牌烙印。

从"阿狸"的成长之路中我们可以发现，互联网内容需要迎合粉丝来进行设计，这也是塑造超级 IP 的基础。

4.4.4 灵活＋供应链：支持能力

供应链是一个比较完整的体系，互联网内容创业的供应链包括内容策划、内容生产、内容传播的渠道、内容变现的形式、内容的销售渠道以及内容的二次销售等，如果你只会策划制作内容，而不会将其传播到互联网中，那么基本上都是白搭，因为粉丝根本看不到你的东西。

主播或企业可以灵活运用供应链组织能力，将供应链中的采购、生产、设计、物流等服务进一步完善，通过实体生产互联网中宣传的产品，然后利用软件平台来整合上下游资源。

在红人经济的供应链中，上游的造星环节、中游的引流环节以及下游的变现渠道都在不断地横向延伸和扩展，同时还引起了资本的关注与投入。例如，2016年 4 月 21 日，真格基金、罗辑思维、光源资本和星图资本宣布对拥有近 2000 万微博粉丝的 papi 酱投资 1200 万元，papi 酱的身价估值已经上亿。

因此，企业最后还需要掌握灵活的供应链，这样才能有动力和经济基础去持续输出优质内容。如图 4-28 所示为红人经济的供应链。

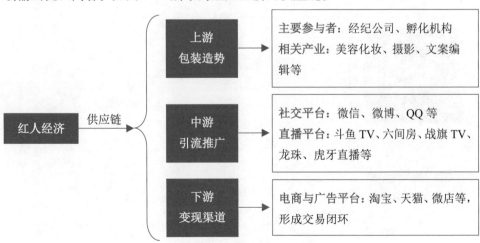

图 4-28　红人经济产业的供应链

网络红人们自带强大的流量属性，在他们的高额销量以及融资数据背后，其实正是产业链中游的社交平台和直播平台上的千万量级的粉丝。

可以说，网红就是某种意义上的明星，网红本身的 IP 可以让粉丝转化为购买力，同时他们还可以向自己的粉丝进行垂直营销，进一步强化自身的变现能力。

网红是互联网中典型的内容创业者，他们通过原创的优质内容扩大自己的影响力，吸引并聚集大量粉丝，形成品牌 IP，这也符合我国"互联网＋万众创新"的基本要求，其供应链的发展也带动了周边其他行业的变革。

4.4.5 粉丝＋经济：运营能力

如今，市场经济已经从"得渠道者得天下"转变为"得用户者得天下"的时代，这一切都是互联网发展带来的结果。

它彻底打破了以往封闭的经济模式，形成了一个新的、开放的、"用户为王"的经济时代。

在互联网时代，很多 IP 都拥有自己的顾客，优秀的 IP 拥有的是用户，而爆款 IP 则拥有众多会为自己说话的粉丝，这些粉丝就是 IP 衍生产品或品牌最好的代言人。因此，要想成为一个超级 IP，创业者或企业还需要掌握强大的粉丝运用能力。

在整个 IP 粉丝运营的流程中，如何提升粉丝活跃性，让粉丝参与内容互动是粉丝运用的重中之重，

下面介绍一些技巧，如图 4-29 所示。

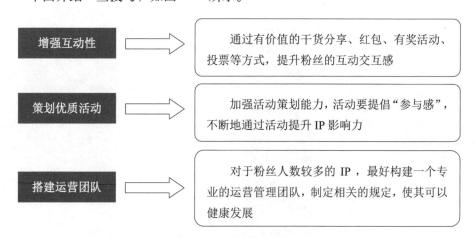

图 4-29 IP 粉丝运营的技巧

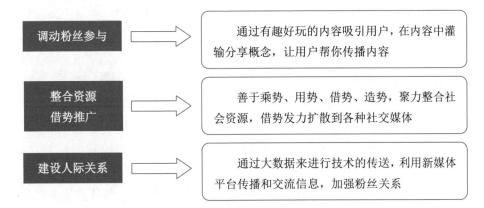

图 4-29　IP 粉丝运营的技巧（续）

4.4.6　持续＋优质内容：创作能力

前面的章节介绍了不少内容形式，如电影、电视剧、游戏、演唱、体育、动漫等，主播只要找到其中的一个内容切入点，并使其形成某种品牌价值，就可以带来 IP 的流量。

一个好故事、一个有号召力的帖子、一篇充满感情的博文，这些都是主播或企业在互联网 IP 大战中制胜的内容"法宝"，而且通过这些内容可以让主播或企业在零成本的情况下获得更多利益。

通过这种持续性强的故事内容，让用户对故事中提出的建议难以抗拒，再加上适当的内容传播，就可以获得更多渠道的销售利润。对于这些符合用户需求的优质内容，就能有机会成为一个优秀的IP，相反，如果没有内容，只是一味地宣传、促销，即便可以获得一时的销售业绩，但终究会脱离用户群。

4.4.7　明星＋新媒体："泛娱乐"能力

网红成为明星已经是不争的事实，而明星"网红化"也正在发生，现在的明星们通过互联网中的各种新媒体平台，也变得越来越接地气，也学会了利用互联网来获得粉丝、经营粉丝，扩展自己的变现能力。

例如，全球使用量最大的第三方手机浏览器——UC 浏览器拥有超过 5 亿的全景用户，而且有超过 1 亿的日活跃用户，已经超越苹果 Safari。

下面对 UC 的"泛娱乐"化战略进行分析。

（1）明星互动营销：《全明星探案》中的明星阵容非常强大，包括TFBOYS、黄晓明、陈乔恩、柳岩、迪丽热巴 5 大明星，其特色在于它是一个可以"玩"的交互式网络互动视频，导演完全由粉丝来承担，而且明星们还会与观众进行互动。

（2）红包反馈营销：为了吸引粉丝参与，UC 还准备 1 ~ 5 元的无门槛红包，由传统品牌箭牌来提供。在《全明星探案》中，UC 通过将明星资源与传统企业用户进行连接，利用大数据分析年轻用户的喜好，这有利于箭牌这样的老品牌扩展新用户。

（3）O2O 营销模式：UC 联合 KFC 推出"UC 定制套餐""319 随行卡"和"UC 主题门店"等一系列线上、线下活动。

据悉，在 2016 年 3 月 19 日《全明星探案》开幕前的"送明星去片场"页面中，UC 浏览器设计了一条虚拟的 KFC 街道场景，而且还在剧中穿插了 KFC 送大奖的镜头。

（4）强强联合营销：为了体现"泛娱乐"化的营销特征，UC 还联合了天猫、新浪微博、优酷等电商和新媒体平台。

据悉，天猫商城提供了价值 2000 万张的无门槛抵用券，新浪微博提供了社交传播支持，而优酷则带来了渠道便利，这些都使互动剧的影响力得到进一步扩大。

从 UC 浏览器的"泛娱乐"化 IP 战略可以看出，企业在打造 IP 时，可以结合明星来包装 IP，借助他们的影响力和光环来宣传造势。

当然，选择明星时不能太盲目，应根据企业 IP 的自身条件和特点来选择，而且要选择比较正面的明星，只有这样才能真正拉动商品销量。

第5章

培育：主播的专业成长

学前提示

不管在什么行业、做什么工作，想要获得成功、成为专业人士，都要培养各种能力。很多人认为直播就是在摄像头面前和用户聊天，这是大错特错的。想要成为一名专业的主播，就应该培育各方面能力，如专业能力、语言能力、幽默技巧、应对提问、心理素质等。

要点展示

▶ 成长一：专业能力

▶ 成长二：语言能力

▶ 成长三：幽默技巧

▶ 成长四：应对提问

▶ 成长五：心理素质

5.1 成长一：专业能力

想要成为一名具有超高人气的主播，必不可少的就是专业能力。在竞争日益激烈的直播行业，主播只有培育好自身的专业能力，才能在直播这片肥沃的土壤上扎根。

5.1.1 才艺满满：耳目一新

首先，主播应该具备各种各样的才艺，让观众目不暇接，为之倾倒。才艺的范围十分广泛，如图 5-1 所示，为主要的才艺类型。

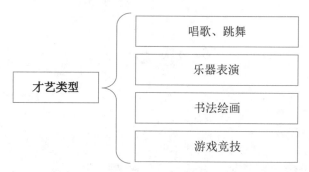

图 5-1 才艺类型

只要你的才艺让用户觉得耳目常新，能够引起他们的兴趣，并为你的才艺一掷千金，那么，你的才艺就是成功的。

在各大直播平台上，有不计其数的主播，每个主播都拥有自己独有的才艺。谁的才艺好，谁的人气自然就高。如图 5-2 所示，为主播在做游戏直播。

图 5-2 才艺展示——游戏直播

无论是什么才艺，只要是积极且充满正能量的，能够展示自己的个性的，就会助主播的成长一臂之力。

5.1.2 言之有物：绝不空谈

一个主播想要得到用户的认可和追随，那么他一定要有清晰且明确的三观，这样说出来的话才会让用户信服。如果主播的观点既没有内涵，又没有深度，那么这样的主播是不会获得用户长久的支持的。

那么，应该如何做到言之有物呢？首先，主播应树立正确的价值观，始终保持自己的本心，不空谈，不扯谈。如图5-3所示，就是网络上一个做户外直播，能说会道的主播页面。

图 5-3 大力哥的主页

其次，还要掌握相应的语言技巧。主播在直播时，必须具备的语言要素如图5-4所示。

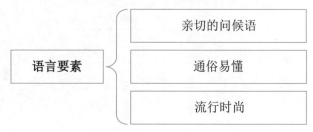

图 5-4 才艺类型

最后，主播要有自己专属的观点。只有这三者相结合，主播才能言之有物，从而获得专业能力的提升。

5.1.3　精专一行：稳打稳扎

俗话说，"三百六十行，行行出状元"。作为一名主播，想要成为直播界的状元，最基本的就是要拥有一门最为擅长的技能。一个主播的主打特色就是由他的特长支撑起来的。

比如，有人游戏水平很高，于是他专门做游戏直播；有人是舞蹈专业出身，对舞蹈又十分热爱，于是她在直播中展示自己曼妙的舞姿；有人天生一副好嗓子，于是他在直播中与人分享自己的歌声。如图 5-5 所示，为一名主播在直播间绘制书画。

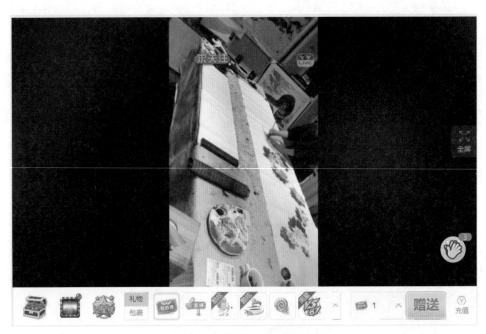

图 5-5　主播在直播间绘制书画

只要精通一门专业技能，行为谈吐接地气，那么月收入上万也就不是什么难事儿了。当然，主播只有在直播之前做足功课，准备充分，才能将直播有条不紊地进行下去，最终获得良好的反响。

5.1.4 挖掘痛点：满足需求

在主播培养专业能力的道路上，有一点极为重要，即聚焦用户的痛点痒点。主播要学会在直播的过程中寻找用户最关心的问题和感兴趣的点，从而更有针对性地为用户带来有价值的内容。

挖掘用户的痛点是一个长期的工作，但主播在寻找的过程中，必须注意以下三点事项。

- 对自身能力和特点有充分了解，清醒地认识到自己的优缺点。
- 对其他主播的能力和特点有所了解，对比他人，从而学习其长处。
- 对用户心理有充分的解读，了解用户需求，然后创造对应的内容满足这种需求。

主播在创作内容的时候，要抓住用户的主要痛点，以这些痛点为标题，吸引用户关注，并弥补用户在社会生活中的各种心理落差，在直播中获得心理的满足。用户的主要痛点如图 5-6 所示。

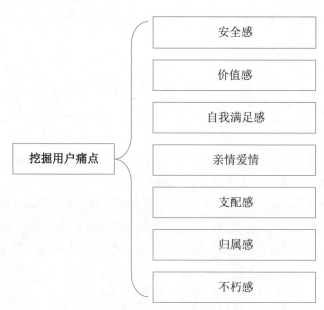

图 5-6 用户的主要痛点

5.2 成长二：语言能力

一个优秀的主播没有良好的语言组织能力就如同一名优秀的击剑运动员没有剑，是万万行不通的。想要拥有过人的语言能力，让用户舍不得错过直播的一分一秒，就必须从多个方面来培养。本节将告诉大家如何用语言赢得用户的追随和支持。

5.2.1　注意思考：亲切沟通

在直播的过程中，与粉丝的互动是不可或缺的。那么聊天也不可口无遮拦，主播要学会三思而后言。切记不要太过鲁莽，心直口快，以免对粉丝造成伤害或者引起粉丝的不悦。

此外，主播还应避免说一些不利于网友形象的话语，在直播中与学会与用户保持一定的距离，玩笑不能开大了，但又要让粉丝觉得你平易近人、接地气。

那么，主播应该从哪些方面进行思考呢？笔者就要思考的几点作了总结，如图 5-7 所示。

图 5-7　思考的内容

5.2.2　选择时机：事半功倍

良好的语言能力需要主播挑对说话的时机。每一个主播在表达自己的见解之前，都必须把握好用户的心理状态。

比如，对方是否愿意接受这个信息？又或者对方是否准备听你讲这个事情？如果主播丝毫不顾及用户心里怎么想，不会把握说话的时机，那么只会事倍功半，甚至做无用功。但只要选择好了时机，那么让粉丝接受你的意见还是很容易的。

打个比方，如果一个电商主播，在购物节的时候跟用户推销自己的产品，并承诺给用户折扣，那么用户在这个时候应该会对产品感兴趣，并且会趁着购物节的热潮毫不犹豫地买。如图 5-8 所示，为淘宝直播的主播在 2017 购物节之际推销产品。

总之，把握好时机是培养主播语言能力的重要因素之一，只有选对时机，才能让用户接受你的意见，对你讲的内容感兴趣。

5-8　淘宝直播推销产品

5.2.3　懂得倾听：双向互动

懂得倾听是一个人最美好的品质之一，同时也是主播必须具备的素质。和粉丝聊天谈心，除了会说，还要懂得用心聆听。

例如，YY 知名主播李先生就是主播中懂得倾听的典型。有一阵子，有粉丝评论说他最近的直播有些无聊，没什么有趣的内容，都不知道说些什么。于是，李先生认真倾听了用户的意见，精心策划了搞笑视频直播，赢得了几十万的点击量，获得了无数粉丝的好评。如图 5-9 和图 5-10 所示，为李先生策划的"春光灿烂猪八戒搞笑版"及用户的评论。

图 5-9　李先生的"春光灿烂猪八戒搞笑版"

图 5-10　粉丝的评论

▶ 专家提醒

在主播和用户交流沟通的互动过程中，虽然表面上看来是主播占主导，但实际上应以用户为主。用户愿意看直播的原因就在于能与自己感兴趣的人进行互动，主播要想了解用户关心什么、想要讨论什么话题，就一定要认真倾听用户的心声和反馈。

5.2.4　沟通或竞赛：莫分高低

主播和粉丝交流沟通，要谦和一些，友好一些。聊天不是辩论比赛，没必要分出个你高我低，更没有必要因为某句话或某个字眼而争论不休。

如果一个主播想借纠正粉丝的错误，或者发现粉丝话语中的漏洞这种低端的行为，来证明自己学识渊博、能言善辩，那么这个主播无疑是失败的。因为他忽略了最重要的一点，那就是直播是主播与用户聊天谈心的地方，不是辩论赛场，也不是相互攻击之处。主播在与用户沟通时的诀窍，笔者总结为三点，如图 5-11 所示。

图 5-11　沟通的诀窍

语言能力的优秀与否，与主播的个人素质也是分不开的。因此，在直播过程中，主播不仅要着力于提升自身的语言能力，同时也要全方面认识自身的缺点与不足，从而更好地为用户提供服务，成长为高人气的专业主播。

5.2.5　理性对待：对事不对人

在直播中会遇到个别粉丝爱挑刺儿、负能量爆棚、又喜欢怨天尤人，有的更甚，竟强词夺理说自己的权利遭到了侵犯。这个时候，就是考验主播语言能力的关键时刻了。

有的脾气暴躁的主播说不定就会按捺不住心中一时的不满与怒火，将矛头指向个体，并对其进行不恰当的人身攻击，这种行为是相当愚蠢的。

作为一名心思细腻、七窍玲珑的主播，应该懂得理性对待粉丝的消极行为和言论。那么，主要是从哪几个方面去做呢？笔者总结为三大点，如图 5-12 所示。

一名获得成功的主播，一定有他的过人之处。对粉丝的宽容大度和正确引导是主播培养语言能力过程中所必不可少的因素之一。当然，明确的价值观也能为主播的语言内容增添不少的光彩。

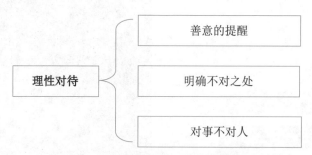

图 5-12　对待粉丝消极行为、言论的技巧

5.3　成长三：幽默技巧

在这个人人"看脸"的时代，颜值虽然已经成为直播界的一大风向标，但想要成为直播界的大咖级人物，光靠脸和身材是远远不够的。

有人说，语言的最高境界就是幽默。拥有幽默口才的人会让人觉得很风趣，还能折射出一个人的内涵和修养。所以，一个专业主播的养成，也必然少不了幽默技巧。

5.3.1　收集素材：培养幽默感

善于利用幽默技巧，是一个专业主播的成长必修课。生活离不开幽默，就好像鱼儿离不开水，呼吸离不开空气。学习幽默技巧的第一件事情就是收集幽默素材。

主播要凭借从各类喜剧中收集而来的幽默素材，全力培养自己的幽默感，学会把故事讲得生动有趣，让用户忍俊不禁。用户是喜欢听故事的，而故事中穿插幽默则会让用户更加全神贯注，将身心都投入到主播的讲述之中。

▶ **专家提醒**

> 例如，生活中很多幽默故事就是由喜剧的片段和情节改编而来。幽默也是一种艺术，艺术来源于生活而高于生活，幽默也是如此。

如图 5-13 所示，为 YY 直播的人气搞笑主播雷子的主页。他是由二人转演员转行做的主播，幽默风格特别明显，也给粉丝带来了很多欢声笑语。

图 5-13　雷子的 YY 主页

5.3.2　抓住矛盾：摩擦火花

当一名主播已经有了一定的阅历，对自己的粉丝也比较熟悉，知道对方喜欢什么或者讨厌什么，那么就可以适当地攻击他讨厌的事物以获得幽默的效果。

比方说，他讨厌公司的食堂，认为那儿的饭菜实在难以下咽，那么你就可以这样说："那天我买了个包子，吃完之后从嘴里拽出了两米长的绳子。"抓住事物的主要矛盾，这样才能摩擦出不一样的火花。那么，主播在抓住矛盾、培养幽默技巧的时候，应该遵循哪些原则呢？笔者总结为六大点，如图 5-14 所示。

图 5-14　主播应遵循的主要原则

　　总之，主播在提升自身的幽默技巧时也不能忘了应该遵循的相关原则，这样才能更好地引导与用户，给用户带来高质量的直播内容。

5.3.3　幽默段子：天下无敌

　　"段子"本身是相声表演中的一个专业术语。随着时代的变化，它的含义不断拓展，也多了一些"红段子、冷段子、黑段子"的独特内涵。近几年，各种"段子"频繁活跃在互联网的各大社交平台上。

　　而幽默段子作为最受人们欢迎的幽默方式之一，也得到了广泛的传播和发扬。微博、综艺节目、朋友圈里将幽默段子运用得出神入化的人比比皆是，这样的幽默方式也赢得了众多粉丝的追捧。

　　例如，以"段子手"著称的歌手薛之谦就凭借其幽默的段子吸引了不少粉丝。如图 5-15 所示，为薛之谦在微博上发布的段子。

　　再比如上文提到的 YY 直播的李先生，他也凭借自身的幽默创作了不少段子，比如："萍水相逢未被三声有幸，歌舞升平却能动人心弦。大家好我是纱布李先生。我的英文名字是迈克尔扯淡。"

　　幽默段子是吸引用户注意的绝好方法。主播想要培养幽默技巧，就需要努力学习段子，用段子来征服粉丝。

图 5-15　薛之谦的微博

5.3.4　自我嘲讽：效果甚佳

讽刺是幽默的一种形式，相声就是一种讽刺与幽默相结合的艺术。讽刺和幽默是分不开的，要想学得幽默技巧，就得学会巧妙的讽刺。

最好的讽刺方法就是自黑。这样的话既能逗粉丝开心，又不会伤了和气。因为粉丝不是亲密的朋友，如果对其进行讽刺或吐槽，很容易引起他们的反感和愤怒。比如，很多著名的主持人为了获得节目效果，经常会进行自黑，逗观众开心。

央视著名主持人朱军在主持新版《星光大道》时，与尼格买提搭档，一老一少，相得益彰。为了丢掉过去自己在观众心目中的刻板形象，更接地气，朱军自黑称自己是老黄瓜、皮肤黑、身材发福等，惹得观众笑声不断。如图 5-16 所示，为新版《星光大道》。

图 5-16　新版《星光大道》

在现在的很多直播中,主播也会通过这种自我嘲讽的方式来将自己"平民化",逗粉丝开心。如以一首《童话镇》火遍全网的主播陈一发儿,就经常在直播中自黑说:"我叫陈一发儿,身高一米八。"如图 5-17 所示,为陈一发儿的微博。

图 5-17　陈一发儿的微博

自我嘲讽这种方法只要运用恰当,获得的效果还是相当不错的。当然,主播也要把心态放正,将自黑看成是一种娱乐方式,不要太过认真。

5.4　成长四：应对提问

成为一名优秀的主播,就需要学会随机应变。在这种互动性很强的社交方式中,各种各样的粉丝可能会向主播提问,这些活跃跳脱的粉丝多不胜数,提出的问题也是千奇百怪。

有的主播回答不出粉丝问题,就会插科打诨地蒙混过关。这种情况一次两次粉丝还能接受,但次数多了,粉丝就会怀疑主播是不是不重视或者主播到底有没有专业能力。因此,学会如何应对提问是主播成长的重中之重。

5.4.1　回答主题相关的问题：充分准备

主播在进行直播之前,特别是与专业技能相关的直播,一定要准备充分,对自己要直播的内容做足功课。就好像老师上课之前要写教案备课一样,主播也要对自己的内容了如指掌，并尽可能地把资料备足，以应对直播过程中发生的突发状况。

例如，在章鱼 TV 上有一个名为棋坛少帅的主播专门教授下象棋。由于象棋属于专业教学类的直播，而且爱好象棋的人数也有限，所以火热程度不如秀场直播、游戏直播那么多。但该主播十分专业，对用户提出的问题差不多都会给予专业性的回答，因此得到了一些象棋爱好者的喜欢和支持。如图 5-18 所示，为棋坛少帅象棋教学。

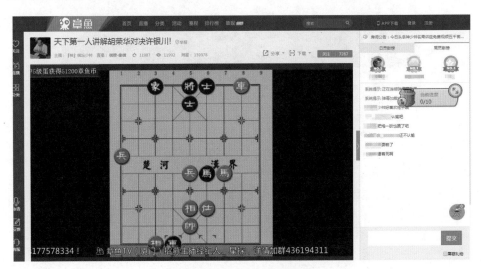

图 5-18　棋坛少帅象棋教学

棋坛少帅之所以能赢得粉丝的认可，除了其出色的专业能力之外，还少不了他每期直播前所做的充分准备。如根据每期的特定主题准备内容、准备好用户可能提出的问题答案等。充分的准备就是棋坛少帅应对提问的法宝。

再比如，做一场旅行直播，主播可以不用有导游一样的专业能力，对任何问题都回答得头头是道，但也要在直播之前把旅游地点及其相关知识掌握好。这样才不至于在直播过程中一问三不知，也不用担心因为回答不出粉丝的问题而丧失人气。如图 5-19 所示，为旅游直播的相关画面。

主播每次直播前，都必须为直播的内容做好充分的准备，如风景名胜的相关历史，人文习俗的来源、发展，当地特色小吃等。因为做了相关准备，所以在直播的过程中就能有条不紊，对遇到的事物都能侃侃而谈，对当地的食物、风土人情更是介绍得特别详细。

图 5-19 旅游直播

5.4.2 回答热点评议的问题：客观中立

应对提问还会遇到另一种情况，回答热点评议的相关问题。不管是粉丝还是主播，都对热点问题会有一种特别的关注。很多主播也会借着热点事件，来吸引用户观看。这种时候，粉丝往往想知道主播对这些热点问题的看法。

有些主播，为了吸引眼球，进行炒作，就故意作出违反三观的回答。这种行为是极其错误且不可取的，虽然主播的名气会因此在短时间内迅速上升，但其带来的影响是负面的、不健康的，粉丝会马上流失，更糟糕的是，想要吸引新的粉丝加入也十分困难了。

那么，主播应该如何正确评价热点事件呢？笔者将方法总结为以下三大点，如图 5-20 所示。

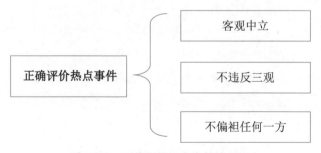

图 5-20 正确评价热点事件的方法

▶ 专家提醒

主播切记不能因为想要快速吸粉就随意评价热点事件，因为主播的影响力远远比普通人要大得多，言论稍有偏颇，就会出现引导舆论的情况。如果事实结果与主播的言论不符，就会对主播产生很大的负面影响。这种做法是得不偿失的。

客观公正的评价虽然不会马上得到用户的大量关注，但只要长期坚持下去，形成自己独有的风格，就能凭借正能量的形象吸引更多的粉丝。

5.5 成长五：心理素质

直播和传统的节目录制不同，节目要达到让观众满意的效果，可以通过后期剪辑来表现笑点和重点。因此，一个主播要具备良好的现场应变能力和丰厚的专业知识。

一个能够吸引众多粉丝的主播和直播节目，仅仅靠颜值、才艺、口才是不够的。直播是一场无法重来的真人秀，就跟生活一样，没有彩排。在直播的过程中，万一发生了什么意外，主播一定要具备良好的心理素质，才能应对种种情况。

5.5.1 突然断讯：随机应变

信号中断，一般借助手机做户外直播时会发生。信号不稳定是十分常见的事情，有的时候甚至还会长时间没有信号。面对这样的情况，主播首先应该平稳心态，先试试变换下地点是否会连接到信号，如果不行，就耐心等待。

因为也许有的忠实粉丝会一直等候直播开播，所有主播要做好向粉丝道歉的准备，再利用一些新鲜的内容活跃气氛，再次吸引粉丝的关注。

例如，在美拍美食频道的主播"延边朝鲜族泡菜君"专门直播如何制作延边美食，他在直播的时候，就使用手机，因此常出现信号中断的问题。如图 5-21 所示，为直播制作的部分美食。

有一次"延边朝鲜族泡菜君"在直播过程中信号突然中断，因为当天家里的 WIFI 出现了故障，主播调整了 1 分钟 WIFI 还是没能恢复正常。为了让用户能够继续观看直播，记录美食的制作过程，该主播用数据进行了近半个小时的直播。尽管这次直播耗费了主播不少流量，但粉丝都对他的行为表示赞赏。因为"延边朝鲜族泡菜君"坚持做完直播，就是为了给用户一个完整的体验，很好地照顾了粉丝的心情。

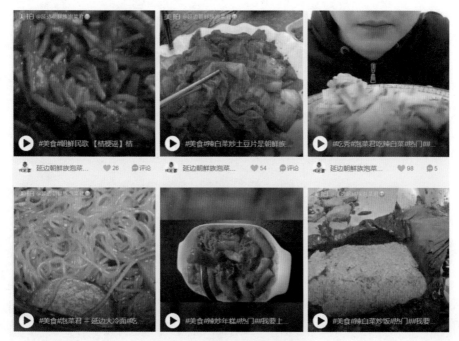

图 5-21　直播制作的部分美食

　　"延边朝鲜族泡菜君"面对突然失去信号的反应值得每个主播学习，这样也避免了直播突然中断的尴尬，如果实在不行，就耐心等待，随后真诚地向粉丝道歉。

5.5.2　突发事件：冷静处理

　　各种各样的突发事件在直播现场是不可避免的。当发生意外情况时，主播一定要稳住心态，让自己冷静下来，打好圆场，给自己台阶下。

　　比如，湖南卫视的歌唱节目《我是歌手》第三季总决赛直播时，就发生了一件让人意想不到的事件。著名歌手孙楠突然宣布退赛，消息一出，现场的所有人包括守在电视机前的观众都大吃一惊。

　　作为主持人的汪涵，不慌不忙地对此事做了十分冷静的处理，首先他请求观众给他五分钟时间，然后将自己对这个突发事件的看法做了客观、公正的表述，汪涵的冷静处理让相关工作人员有了充分的时间来应对此事件。

　　而这个事件过后，汪涵的救场也纷纷被各大媒体报道，获得了无数观众的敬佩和赞赏，他应对突发事件的处理方法值得其他同业人员大力学习。如图 5-22所示，为"汪涵救场"的相关新闻报道。

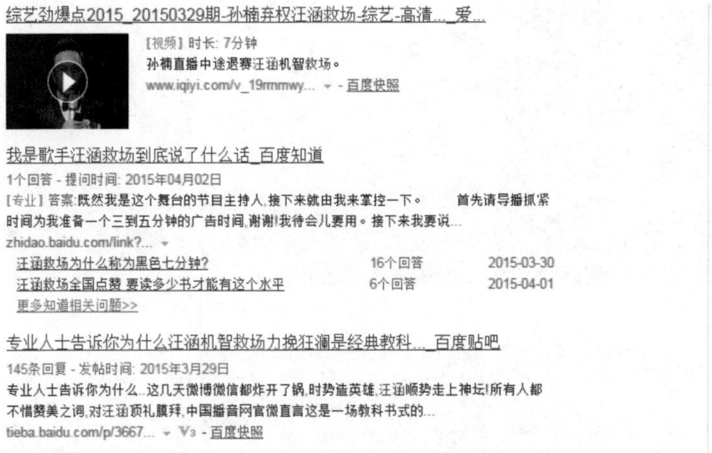

综艺劲爆点2015_20150329期-孙楠弃权汪涵救场-综艺-高清... 爱...

[视频] 时长：7分钟
孙楠直播中途退赛汪涵机智救场。
www.iqiyi.com/v_19rmmwy... ▾ - 百度快照

我是歌手汪涵救场到底说了什么话_百度知道

1个回答 - 提问时间：2015年04月02日
[专业] 答案：既然我是这个舞台的节目主持人，接下来就由我来掌控一下。 首先请导播抓紧
时间为我准备一个三到五分钟的广告时间,谢谢!我待会儿要用。接下来我要说...
zhidao.baidu.com/link?... ▾

    汪涵救场为什么称为黑色七分钟?   16个回答   2015-03-30
    汪涵救场全国点赞 要读多少书才能有这个水平   6个回答   2015-04-01
    更多知道相关问题>>

专业人士告诉你为什么汪涵机智救场力挽狂澜是经典教科..._百度贴吧

145条回复 - 发帖时间：2015年3月29日
专业人士告诉你为什么，这几天微博微信都炸开了锅,时势造英雄,汪涵顺势走上神坛!所有人都
不惜赞美之词,对汪涵顶礼膜拜,中国播音网官微直言这是一场教科书式的...
tieba.baidu.com/p/3667... ▾ ▽₃ - 百度快照

图 5-22　"汪涵救场"的相关新闻

　　节目主持人和主播有很多相似之处，主播一定程度上也是主持人。在直播过程中，主播也要学会把节目流程控制在自己手中，特别是面对各种突发事件时，要冷静。主播应该不断修炼自己，多向汪涵这样的优秀主持人学习。

第6章

平台：选择匹配的平台

各个直播平台有着各自不同的内容和特色，它们不断深入发展，由单一的模式向众多领域拓展延伸，主播选择合适、匹配的直播平台是重中之重。本节将为大家介绍斗鱼、虎牙、熊猫、映客、花椒、聚美等几个典型的直播平台，了解它们各自的特色所在。

学前提示

要点展示

▶ 斗鱼直播：变革传统直播文化

▶ 虎牙直播：启封游戏世界新大门

▶ 熊猫直播：全方面发展创新高

▶ 映客直播：开启全民直播时代

▶ 腾讯直播：直面体育赛事现场

▶ 花椒直播：带着 VR 一起去旅行

▶ 聚美直播：打造信任型消费模式

6.1　斗鱼直播：变革传统直播文化

斗鱼直播是一家以视频直播和赛事直播为主的弹幕式直播分享平台，其直播内容包括游戏、体育、综艺、娱乐等。斗鱼直播由 ACFUN 生放送直播转化而来，随着直播平台的不断发展，它也慢慢发展成为一个泛娱乐直播平台。

6.1.1　"直播 + 教育"：打破传统

作为直播行业第一个吃螃蟹的平台，斗鱼直播于 2016 年推出了"直播 +"的发展战略。其主要目的是打造"泛娱乐"模式，将娱乐精神发挥到极致，以此使更多用户涌入直播平台，增加收益，更深层次打响"斗鱼"的品牌。

斗鱼直播引进的直播模式当以"直播 + 教育"最有看点。为了让用户学在其中，乐在其中，斗鱼全力打造有别于传统网课的教育形式，专门开设了鱼教鱼乐直播板块，如图 6-1 所示。

图 6-1　斗鱼直播的鱼教鱼乐直播板块

从图中不难看出，斗鱼开设的"鱼教鱼乐"直播板块内容十分丰富，涵盖了艺术、语言、科教、心理等多个方面，弥补了普通网校长期以来一直存在的缺陷。用户可以免费享受名师的实时指导，与其进行互动，老师可随时为用户答疑解难，学习效果更加高效，特别适合喜欢直播的年轻群体。

不得不说，直播为在线教育发展带来了全新的机会。直播平台海量的年轻用户、直播平台的特色弹幕功能、高效低成本这些因素都给"直播＋教育"的模式不断向前发展提供了强有力的支撑。

6.1.2 案例："中国第一名师英语对决之夜"

"中国第一名师英语对决之夜"于 2016 年 7 月 5 日"空降"斗鱼直播，给用户们带来了不少欢声笑语。两位超级英语名师——赵建昆和付英东以双屏互动直播的全新方式，就英语学习秘诀及日常生活中的英语话题展开了饶有风趣的讨论，对用户们提出的问题也一一都做了相应的解答。比如，"看美剧能不能提升英语水平？""四六级备考最常遇到的难关是什么，怎样攻克？"等等。

此外，两位名师还在直播过程中互相调侃，各自幽默的语言引得用户笑声不断。而且在你来我往之中还碰撞出了不少关于英语教育的新理念。这一切不禁让在线观看直播的用户们大呼过瘾。

如图 6-2 所示，为"中国第一名师英语对决之夜"的宣传图。

图 6-2　"中国第一名师英语对决之夜"

▶ 专家提醒

根据相关资料显示，直播当晚 9 点刚开始，立马就有 6 万多用户涌入。随着直播的火热开播，其最高同时在线人数甚至达到了 10 万人，这可以说是英语教育直播板块的最高历史纪录了。

由此可以看出，这次"直播＋教育"模式既给斗鱼带来了诸多人气，同时也为开启新教育模式打好了良好的基础。

斗鱼在尝试着让直播成为我们生活的一部分，不断拓宽直播的应用场景。它将带领直播进入更多的生活、工作场景，提供更丰富、更方便的直播服务体验。

6.2 虎牙直播：启封游戏世界新大门

虎牙直播是国内优秀的以游戏直播为主的互动直播平台，其由 YY 直播更名而来。在更名之后，虎牙直播转向 Web 端的发展。

虽然虎牙直播以游戏直播为主，但也包括了多元化的热门直播内容，如音乐、娱乐、综艺、教育、户外、体育、真人秀、美食等。虎牙的游戏直播资历很深，在游戏方面有很多独家资源。

6.2.1 "直播＋游戏"：稳步向前

虎牙直播的"直播＋游戏"模式来历已久，自 2012 年虎牙直播成立以来，就一直以游戏直播为发展战略的重中之重。

随着近年来游戏行业的日渐火爆，虎牙直播不惜花重金买进国内外赛事的直播版权，又召集了众多世界冠军级战队和主播，还专门亲自打造了属于虎牙旗下的独家 IP 赛事。

如图 6-3 所示，为虎牙直播中的英雄联盟直播页面。

图 6-3 虎牙直播的英雄联盟

虎牙直播"直播＋游戏"模式的背后离不开欢聚时代的鼎力支持。2015 年 5 月 28 日，欢聚时代正式宣布成立欢聚时代互动娱乐事业部，其循环再生的闭环经营模式如图 6-4 所示。

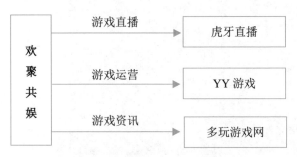

图 6-4　循环再生的闭环经营模式

▶ 专家提醒

> 虎牙直播汇聚了目前最为火爆的游戏资源、战队及主播，具体如下所示。
> （1）游戏：如英雄联盟、王者荣耀、球球大作战、守望先锋、炉石传说等。
> （2）世界冠军级战队主播：英雄联盟世界冠军EDG战队与世界亚军ROX Tigers 战队。
> （3）主播："国民电竞女神"Miss、"超人气号召力主播"董小飒、"安德罗妮夫妇"、Dopa。

6.2.2　案例："车神"楚河之游戏精神

素来有"第一车神"和"外语界李阳"之称的虎牙直播楚河，就是以擅长各种不同类型的单机游戏和解说游戏，获得了不少游戏玩家的喜爱和追捧。

他几乎每天都会从下午 2 点直播到晚上 12 点，而且每天都有大量的粉丝观看他直播玩游戏。据粉丝称，楚河不仅玩游戏技术高超，对粉丝也是关爱有加。

▶ 专家提醒

> 例如，楚河在参加首届GTA5联赛之前曾说过，粉丝对自己不离不弃为了表达感恩之情，会一直坚持直播30年，还宣称"如果在赛事中夺冠，将把所得奖金全额送给粉丝"，用实际行动表达对粉丝的感激之情。
> 车神楚河这种对于粉丝的拥护、追随始终保持感恩之心的态度，实在值得每一个主播学习。

如图 6-5 所示为楚河在虎牙直播玩游戏。从满屏的弹幕和接连不断的礼物可以看出，楚河的"车神"称号确实不是浪得虚名。

图 6-5　车神楚河的游戏直播

除此之外，楚河的幽默气质也为他圈粉无数，游戏的魅力加上个人的人格魅力，使粉丝对他的游戏直播欲罢不能。如图 6-6 所示，为贴吧里关于"怎么认识楚河"的话题讨论。

图 6-6　贴吧关于"怎么认识楚河"的话题讨论

从"车神"楚河这个案例可以看出，虎牙的游戏直播不仅为楚河这样的优秀游戏玩家提供了发挥才能的平台，也为自身直播的发展奠定了坚实基础。游戏作为一个相当有潜力的行业，和直播相结合还会有更加光明的前景。

6.3　熊猫直播：全方面发展创新高

说起熊猫直播，大家都不会陌生。网红王思聪一手创办的熊猫直播是一家以"泛娱乐"模式为主的视频直播平台。

与其他直播平台相比，熊猫直播更注重打造人气主播，直播内容更是广泛覆盖了多个领域。

6.3.1　策略："泛娱乐"+"正能量"

王思聪为打造好熊猫直播这个平台，在内容、技术等各个方面都制定了不同的策略，下面一一作出介绍。

1. 泛娱乐直播平台

王思聪在采访中表示，一方面，希望将直播平台与游戏、娱乐、体育等产业相结合，以便全面布局泛娱乐 O2O 市场；另一方面，熊猫直播的内容也会更趋向于泛娱乐化，打造千变万化的直播形式，如演唱会、发布会、体育赛事等。

如图 6-7 所示为熊猫直播官网上的自我简介"泛娱乐直播平台"。

图 6-7　熊猫直播——泛娱乐直播平台

"泛娱乐"战略虽然最初是由腾讯企业提出的，但在直播行业，却由熊猫直播将其发挥得淋漓尽致。

2. 联手腾讯云计算

在技术层面，熊猫直播于 2017 年 4 月 11 日与腾讯云计算强强联手，展开合作，致力于直播的稳定性维护和弹幕推送的技术维护，共同打造优质直播互动体验平台，为用户带来顶级感受。

可以说，熊猫直播与腾讯云的合作，不仅仅局限于技术，还包括内容。腾讯云的过硬技术为熊猫直播提供了强有力的支持，使其更加专注优质直播内容的创造。

3. 正能量直播平台

熊猫直播坚持传递社会正能量的发展战略，一直在为传播正能量而不断努力，并力争成为直播行业正能量内容的倡导者、领先者。

1）"直播 + 公益"

熊猫直播鼓励平台主播积极直播正能量内容，为直播平台的健康持续发展贡献出一分力量。2017 年 2 月，《人民日报》刊登特别报道《我的互联网这一年》。文中描绘了一个充满正能量的主播形象，她就是熊猫直播的主播——"美七七"。如图 6-8 所示，为"美七七"的微博主页。

图 6-8 "美七七"的微博主页

直播内容充满正能量，是"美七七"被人民日报选中的核心原因。"美七七"在直播中展示优雅的民族舞，将中华民族传统文化的魅力通过镜头传递给每一个观众，显然这样正能量的直播是观众喜闻乐见的。

熊猫直播不仅鼓励平台主播多直播积极、正能量的事件，它在企业的发展中，也积极发扬"公益""正能量"的精神。"熊猫主播公益支教活动"就是最好的证明。熊猫直播的相关人员曾两次奔赴新疆、陕西等贫困地区，王师傅、囚徒等知名主播也为学生带来十分丰富且具有教育意义的活动，企业还为当地学校送去了资金帮助和学习用品。

与过去单一化的公益模式不同，"直播＋公益"以公开、直接、透明的方式支持和鼓励主播与粉丝互动，为社会传播更多的正能量，也极大地丰富了公益模式，促进了公益事业的大力发展。

2）iPanda 熊猫频道

熊猫直播还发展大量公益事业以大力弘扬传统文化，并积极传递正能量的精神，为社会带来重大影响。

例如，2017 年 2 月，熊猫直播为了呼吁保护大熊猫，爱护大自然，携手央视网 iPanda 熊猫频道，专门开启了国宝大熊猫的直播间。用户可以 24 小时全程观看国宝大熊猫的生活直播，而且此直播界的所有收益除了基础运营的费用，将全部用于绿色宣传等公益活动。如图 6-9 所示为熊猫直播的 iPanda 频道。

图 6-9　熊猫直播的 iPanda 频道

4．与官媒携手并进

熊猫直播为推动产业不断向前发展，还联合人民日报海外网打造了游戏产业高端访谈栏目——《爱游喂！》。

这次合作为了宣传中国原创游戏产品、优秀游戏企业等，邀请了不少知名游戏企业的重量级人物进行专访，熊猫直播的几大知名电竞主播和战队也相继登场亮相。熊猫直播这种发展策略为提升中国文化产业在全球范围的软实力作出了巨大贡献，同时还进一步了提高中国游戏产业的影响力。

6.3.2 "直播＋电竞"：一大亮点

熊猫直播对电竞的热爱是直播行业内外都有目共睹的，同时在"直播＋电竞"模式的发展方面，它也是首屈一指。电竞已经成为熊猫直播的一大亮点，如图 6-10 所示，为熊猫直播的"2017 英雄联盟洲际赛"。

图 6-10　熊猫直播的"2017 英雄联盟洲际赛"

而作为喜爱游戏的众多玩家来说，他们希望在直播中看到高水平的电竞玩家；对于直播平台来说，主播是相当关键的筹码，一个主播的优质与否甚至关乎直播平台的生死存亡。因此，熊猫直播在这方面下了不少苦功夫，全力打造顶级"直播＋电竞"模式，为用户带来至尊体验。

1．抓各路"实力派"主播

王思聪本身是 IG 战队的老板，因此在战队资源和解说资源上具备了坚实基础和得天独厚的优势。而且根据熊猫直播的注册资料显示，熊猫直播股东众多，比如裴乐（WE 战队老板）、侯阁亭（OMG 战队老板）、斗鱼知名主播小智等。

除此之外，熊猫直播还签下了斗鱼炉石传说的明星主播"囚徒"、SOL，还有 LOL 退役选手"若风"等。不难看出，熊猫直播也想利用专业性资源奠定自己的行业地位。

2．签约 Angelababy，强大明星主播阵容

强大的明星阵容也是熊猫直播"直播 + 电竞"模式的亮点之一。明星直播电竞比赛就如同一场网络真人秀表演，能吸引众多的人气，熊猫直播也可借助其影响力提升经济效应。

王思聪平时在微博上就与众多明星来往频繁，所以与很多明星人物有一定的交情。那么，他进军游戏直播平台市场，让明星为其助势也是理所当然的事情。王思聪邀请了不少喜爱电竞的明星在熊猫上开直播。如图 6-11 所示为林俊杰在熊猫直播节目的直播间。

图 6-11　林俊杰的直播间

2015 年 8 月 4 日，周杰伦的《英雄联盟》"开黑直播"成为年度最大热点之一。据悉，他直播开始刚 10 分钟，观看人数就达到了 200 万，而该场比赛的视频当天的在线观看量突破 1600 万。由此可见明星的影响力之巨大。

▶ 专家提醒

明星直播如今不再是难见的场景了，而且明星在直播平台玩游戏同样屡见不鲜。有直播背后高额利润的吸引，相信在未来熊猫直播还会吸纳更多热爱电竞的明星加入其中。

6.4　映客直播：开启全民直播时代

映客直播，是一款覆盖了 iPhone、Android、Apple Watch、iPad 等多个移动端的直播类社交平台。映客可使用微博、微信账户登录，操作方法十分便捷，设

备只需一个手机即可。映客直播优势众多，功能强大，包括精彩回放、高清画质、互动交流、私信聊天等。

6.4.1 策略："温暖社交"＋"针对设计"

2016 年 8 月，一位网友手绘的映客直播说明书在微博上火了。这份说明书不仅详细说明了如何登录、直播的程序，还向父母推荐了适合的使用方法。如图 6-12 所示，为手绘的映客直播说明书。

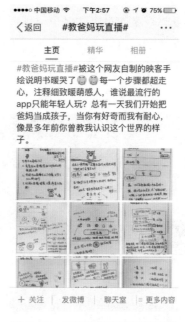

图 6-12　手绘的映客直播说明书

这份手绘说明书一方面引发了众多网友对亲情的感动，另一方面也说明了全民直播时代已经到来。而映客直播则是全民直播中的领头者。

1. 打造温暖、人性化的社交平台

作为全民直播的佼佼者，映客直播有着庞大的受众群体。为了将映客打造得更具特色，它开始着力于不分年龄和性别。随着互联网的高速发展，很多父母辈、甚至爷爷奶奶辈的人也开始接触各种各样热门的 APP 软件。

因此，映客直播为所有人提供了一个分享自己生活和爱好的平台。无论什么年纪的用户都可以在映客直播上展示自己。比如，喜欢唱歌的可以直播唱歌，喜

欢绘画的可以直播绘画，喜欢书法的可以直播写字。如图 6-13 所示，为映客直播的官网。

图 6-13　映客直播的官网

2．专门为用户设计推广方案

映客直播既不像花椒直播、来疯直播是"富二代"；也不像快手、熊猫直播能"傍大款"。可以说，映客直播在直播行业是一个"孤胆英雄"。它与其他直播平台差别最大的地方就在于，最大限度地关注用户的需求。映客直播根据用户年龄等方面的不同差异专门设计了直播板块，不单单是针对喜欢社交的年轻人，还有父母一辈以及专业人士等。如图 6-14 所示，为映客给用户设计的标语"你丑你先睡，我美我直播"。

映客的发展策略为其吸引了大量的用户，同时也让映客直播成为全民直播时代里一颗璀璨的明星。

图 6-14　"你丑你先睡，我美我直播"

6.4.2 "直播＋餐饮"：迷尚豆捞之企业会议

在直播行业不断深入发展的时期，"直播＋餐饮"的模式被映客直播付诸实践。作为用户量巨大的直播平台，映客不仅采用了"直播＋明星""直播＋手游"等模式，还开启了"直播＋餐饮"的全新模式。

一方面，对于映客直播来说，可以拓宽其直播领域，深入生活；另一方面，对于餐饮业来说，餐饮宣传又多了一种玩法，将会降低宣传成本，获得更丰厚的收益。

餐饮创始人做直播，因为比较熟悉该店的优势、特色、风格，所以其直播内容能使用户心服口服，而且还能感受到企业的真诚。

例如，成都迷尚豆捞的董事长曾雁翔就经常在映客直播关于餐饮的不同内容。有一次，还直播了企业的一次常规总结会，让用户感受到了企业文化的重要性，同时也极大地满足了用户的好奇心。如图 6-15 所示，为成都迷尚豆捞董事长发布的直播相关微博。

图 6-15　成都迷尚豆捞董事长的映客直播

成都迷尚豆捞董事长在映客的直播吸引了不少用户前来观看，他还带领自己的员工和顾客一起玩直播。比如，直播大厨如何制作美食，让用户清晰地看到美食的制作过程，从而让用户直接了解后厨的卫生状况、食材新鲜程度、大厨的手艺等，让餐饮店更加公开透明。

除此之外，该董事长还邀请来到店里的顾客做直播，对菜品进行点评，给观看直播的用户带去真实的参照。正因为该董事长特色的直播，其微博粉丝也不断上涨，如图 6-16 所示。

图 6-16   迷尚豆捞董事长曾雁翔的微博

映客直播的"直播＋餐饮"模式为餐饮业带来了福音，同时也为自身的发展开启了全新的道路。而餐饮业如何吸引更多用户，夺得流量，这是餐饮企业做直播时值得认真思考的问题。

6.5   腾讯直播：直面体育赛事现场

腾讯直播是腾讯视频旗下的客户端产品，直播内容非常广泛。其中，以体育直播最为著名。

6.5.1   "直播＋体育"：专业性强

腾讯直播的"直播＋体育"模式建立已久，这个模式相对于其他直播来说，门槛更高。若想依靠直播的形式打通体育细分产业链条，就要舍得花大本钱。

同时，对主播更是要求严格。比如，以前看电视直播时，解说员说错了，用户也没法及时跟他互动，指出解说员的错误。而现在的直播都有弹幕可以进行实时交流，用户完全可以立马指出主播的错误讲解。如果一个主播的功力不够深厚，那么就会容易下不来台，有损节目的效果。

为此，腾讯在直播形式的打造上下了不少功夫：一个是利用漂亮女主播的独特魅力，吸引更多的用户流量；一个是邀请退役运动员参与直播，这样的话展示专业方面的知识时就能信手拈来，让观众心服口服。

如图 6-17 所示，为腾讯视频的体育直播。

图 6-17　腾讯视频的体育直播

作为体育直播的主播，不仅需具备相关的专业知识，最重要的还要让观众听得懂，听得很自在。腾讯的"直播＋体育"模式给各大想要进军体育直播行业的直播平台作出了很好的示范，当然，想要在直播行业站稳脚跟，腾讯还需在现有的基础上继续进步，再接再厉。

6.5.2　案例：青岛啤酒之"第一时间"

2016 年的里约奥运会就采用了"直播＋体育"的模式，与以往的体育直播不同的是，此次直播有一大亮点，就是将"全民直播"与体育赛事相结合，给用户呈现出不一样的奥运风采。

这次的直播的内容有一大节目深受用户喜爱，即青岛啤酒赞助的冠军直播节目——《第一时间》。在奥运冠军拿到金牌的第一时间，会被邀请至里约前方演播室与主持人进行亲切的交谈，为用户带来精彩的奥运故事和奥运冠军的有趣经历。此外，用户还可与节目进行互动，解答心中的疑惑，如图 6-18 所示。

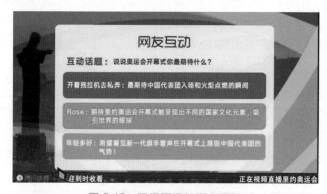

图 6-18　腾讯直播的网上互动

在技术方面，腾讯就此次里约奥运会的直播采用了 VR 技术、AR（Augmented Reality，增强现实）技术，全力为用户呈现一个高质量、高标准的体育赛事。

在技术、平台、资源、社交、运营等方面优势的帮助下，腾讯的"直播＋体育"模式得到了最大效果的发挥，促进了腾讯直播的进一步发展。

此外，该节目还开设了"穿越纽约"的活动，让身在北京鸟巢的用户与远在里约的奥运冠军进行趣味互动。许多观众围绕在腾讯搭建在鸟巢附近的"奥运第二现场"，通过大屏幕与奥运冠军直接进行对话，还进行了一些的有趣的互动，场面十分热闹，如图 6-19 所示。

图 6-19 腾讯直播的现场互动

6.6 花椒直播：带着 VR 一起去旅行

花椒直播是中国一款每日活跃用户数突破 500 万，月活跃量超过 1000 万的超大的移动社交直播平台。它的最大特色就是具有其他直播软件无法比拟的明星属性。此外，花椒还专门打造多档自制直播节目，包括文化、娱乐、体育、旅游、音乐等多个方面。本节将着重向大家介绍花椒直播的"直播＋旅游"模式。

6.6.1 "直播＋旅游"：技术支撑

随着直播行业的深入发展，"直播＋旅游"模式也开始渐渐有了起色。以前，主要通过风景图、旅游宣传片来吸引用户旅游，但其实这并不能很好地获得宣传效果。比如有些网友会怀疑图片的真实性，担心亲临目的地后，图片与现实不符。而利用直播做旅游宣传，可以让用户对产品有更清晰、真实且全面的感受和体验，从而使用户情不自禁地出门游玩。如图 6-20 所示，为"直播＋旅游"模式的几大要素。

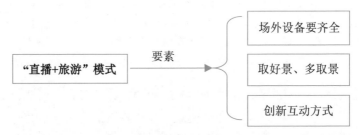

图 6-20   "直播＋旅游"的要素

"直播＋旅游"模式的重点在于场外直播，没人会喜欢看室内的旅游直播。只有走出去，将自然风景直接呈现在用户面前，并结合专业性的解说，让用户明白你的产品优势。那么，场外直播的重要之处体现在哪几个方面呢？笔者将其总结为三点，如图 6-21 所示。

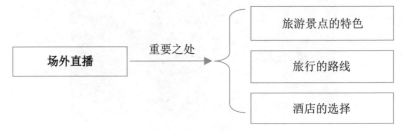

图 6-21   场外直播的要素

对于场外直播而言，技术又是必不可少的一环。例如，2016 年 6 月 7 日，花椒直播专区正式上线，成为全国首个 VR 直播平台。"VR 直播＋旅游"带给用户的是前所未有的体验和感受，让用户能身临其境，仿佛已经"穿越"到目的地，尽情欣赏当地美景。

此外，只有将优质内容与超强技术相结合，才能使得"直播＋旅游"模式得到长期有效的发展，游客才会对旅游更加向往。

6.6.2   案例：途牛旅游之新生态

在在线旅游行业，花椒直播与途牛旅游携手共同打造"直播＋旅游"的全新模式，并专门建立了旅游直播频道。如图 6-22 所示，为途牛旅游的相关视频。

图 6-22　途牛旅游的相关视频

2016 年 5 月，途牛影视联手花椒直播，对王祖蓝夫妇在马尔代夫见证集体婚礼进行了全程直播。这种"直播＋旅游＋明星"的模式更容易吸引用户的关注，直播当天收获了上百万的点击量，火热程度可见一斑，如图 6-23 所示。

图 6-23　王祖蓝夫妇在花椒直播婚礼

花椒直播和途牛影视此次达成跨界合作，对于花椒直播来说，获得了很多优质、多元化的内容；对于途牛影视来说，则助力其宣传推广；而对于两者携手打造的"直播＋旅游"的新生态模式来说，则带给了广大用户突破时间和空间限制的新鲜感，而且还促使直播行业发展的脚步又向前跨越了一大步。

6.7 聚美直播：打造信任型消费模式

聚美直播是聚美优品推出的美妆达人直播，主要以教用户化妆、搭配等内容为主，用户可以在此平台上进行互动。聚美优品之所以推出直播，就是为了吸引用户的关注，同时引导用户如何购物，最终收获更多利润。

那么，聚美优品的直播与其他直播相比，有何特色之处呢？本节将带领大家一起看看聚美优品是如何做直播的。

6.7.1 "直播＋电商"：快速吸金

聚美优品很早就推出了"直播＋电商"的模式，这种模式的优势在于可以通过与用户互动，给用户不定时发红包的方式来吸引用户，从而带动用户消费。而聚美直播的特色就在于它着力于打造"直播＋品牌＋明星"的模式。众所周知，聚美优品是一个专门为女性消费者设计的购物平台，而其创始人陈欧确实也对广大女性消费者的心理十分了解。利用明星效应拉动用户消费，是聚美优品一贯的战略，而直播将其又提升了一个高度。如图 6-24 所示，为聚美优品的官网。

图 6-24　聚美优品的官网

▶ **专家提醒**

聚美优品的用户群体普遍来说都比较年轻，这类用户比较注重新鲜感，喜欢尝试各种新奇的事物。

聚美优品抓住了这个 90 后消费者比重提升的机会，紧跟年轻群体注重个性、潮流、新鲜感和娱乐精神的大方向，不断更新营销手段，与直播相结合，设计符合年轻群体的直播模式。于是"直播＋电商"的模式应运而生。

6.7.2 案例：魏晨之推销菲诗小铺

聚美优品的"直播＋电商"模式更易拉近商家与用户的距离，这与其他直播模式是相同的。不同的是，这种模式可以将直播直接变现，只需要吸引消费者下单即可。

那么，聚美优品究竟是怎么做到的呢？

在内容方面，聚美优品的直播主要包括美妆、护肤、穿搭等一切女性关注的主题，这恰好都是广大女性消费者所关注的。

在形式方面，则通过发送红包福利、直播截屏送礼品、突破目标粉丝数送亲笔签名新专辑等方式来吸引喜爱明星、具有娱乐精神的消费者。

此外，还利用明星在直播过程中无形植入广告。比如，2016 年 6 月 19 日，著名人气偶像歌手魏晨现身聚美直播，在直播过程中，他表现得十分亲民。不仅与粉丝们聊天，而且还与广大用户进行互动，分享自己的护肤秘诀，如图6-25所示。

图 6-25 魏晨在聚美直播

魏晨此次是为聚美旗下入驻的护肤品牌"菲诗小铺"做宣传，同时向众多粉丝分享自己的新专辑。在魏晨强大的人气影响下，聚美平台上的"菲诗小铺"限量版气垫BB 瞬间就销售一空，而且此次直播的诸多惊喜和优惠也使当天聚美直播的在线观看人数超过了 500 万，不得不承认明星的粉丝效应确实很强大。

  聚美优品这种"直播＋电商"模式的成功，不仅得益于优质内容与互动形式的完美结合，还巧妙地借助了明星的"吸睛效应"，吸引了无数粉丝流量。

  电商应该紧紧抓住直播这个平台，借助"直播＋电商"的模式来盈利，获得更为丰厚的利润。当然，如何打造具有自身特色和优势的个性化直播平台也是电商需要认真考虑的。

第7章

技巧：打造多形式平台

学前提示

　　如何打造多形式平台对于直播来说是很重要的一个环节，虽然已经拥有众多优质的平台，但对于直播来说，只有广泛发展各个方面的平台，其自身才能得到最大限度的发展。本节将从音频平台、视频平台、社交平台三个方面谈谈关于打造多形式平台的技巧。

要点展示

▶ 音频平台：用声音感动你我
▶ 视频平台：用视觉惊艳你我
▶ 社交平台：用兴趣连接你我

7.1　音频平台：用声音感动你我

近些年来，随着移动互联网的发展和私家车的普及，人们在移动中的娱乐需求亟待满足。各类新兴电台企业短时间内得到了长足的发展，许多传统广播人纷纷转入互联网的音频平台，音频平台迎来了发展的大好时机。如图 7-1 所示为热门的手机音频应用。

图 7-1　热门的手机音频应用

本节将向大家介绍音频的营销方式及几大知名的人气音频平台。

7.1.1　音频营销：内容中植入广告

与其他媒体在内容中植入广告不同，在音频中植入广告的效果更加立竿见影。想象一下，儿时收音机陪伴我们入睡，开车时电台节目一直陪伴着我们，旅行时也可以随时随地打开手机上的电台软件，如果主播自然地植入品牌，那么效果肯定比那些硬性的平面媒体、网络广告要好很多。这究竟是为什么呢？笔者总结为以下三个因素，如图 7-2 所示。

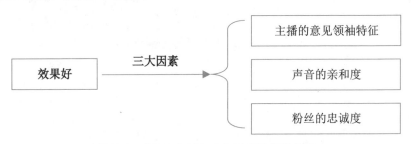

图 7-2　音频内容植入广告更具特色的因素

例如，喜马拉雅 FM 与必胜客打造的"请吃饭"广告植入活动，就是必胜客联手喜马拉雅 FM 为了答谢粉丝而组织了一次活动，目的在于宣传品牌口碑，同时也调动了主播和粉丝双方的热情并促使其积极参与。在喜马拉雅 FM 的 PC 端和移动端，大部分排名靠前的主播都加入了此次活动，将广告悄无声息地植入音频内容中，而且还引发了大量主播和粉丝的分享，使活动取得成功。

由此可见，在音频中植入广告，不仅让用户毫无违和感，而且能让广告效果达到最佳。

7.1.2　音频营销：搭建音频自媒体

与视频自媒体相比，搭建音频自媒体更加简单，门槛更低。视频靠一两个人的小团队很难制作出质量精良、内容优质的产品，而音频则只要有观点、有内容就可以制作出一档高质量的节目。

▶ **专家提醒**

搭建音频自媒体的过程比较简单，你甚至不需要有专业的录音设备，而只需准备一个智能手机，然后将你想要表达的观点用独有风格的语言讲述出来。很多音频自媒体并不是专业的广播从业者，因为门槛的降低，一些网络文学爱好者、家庭主妇、自由从业者、大学生等都可在音频平台一展身手。

如图 7-3 所示为荔枝 FM 的首页。荔枝 FM 排名前十的播客中，10 个有 8 个都是通过手机录制的。

图 7-3　荔枝 FM 的首页

随着音频平台的不断发展，搭建音频自媒体的群体越来越大，其制作的内容也良莠不齐。因此，音频平台也应像视频平台一样，严加监管，建立相关的规章制度，引导其正确发展，从而为广大音频爱好者提供优质内容。

7.1.3　音频营销：策划定制专题节目

音频平台的内容与传统的广播有一个最大的差别，就是如今的音频节目大多都是原创。而且为了让用户有更加优质的体验和感受，各大网络电台都根据不同类型对音频做了十分详细的分类，如图 7-4 所示。

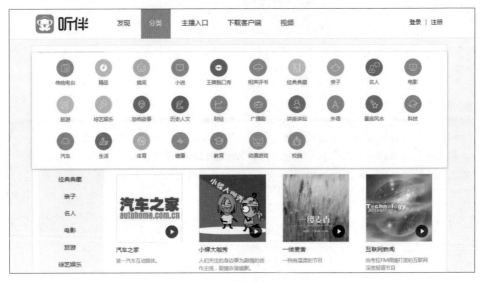

图 7-4　听伴的分类

此外，电台还可以为推销产品策划定制专题节目。例如，喜马拉雅 FM 有一期节目，邀请了人气主播推销小黑伞，专门策划了外出游玩、防晒主题的节目。

由于主播一贯的风格及广告的自然植入，听众从中了解到了小黑伞的种种信息，比如伞的特点、相关优惠信息以及淘宝链接等，并创造了一分钟卖出 2000把小黑伞的惊人成绩。

7.1.4　喜马拉雅：在线移动音频分享平台

喜马拉雅 FM 是国内发展最迅速、使用人数最多的相当活跃的在线移动音频分享平台。其使命是"让人们随时随地，听我想听，说我想说"，并一直注重用户的需求，不断提升和完善自身。用喜马拉雅 FM 叫醒自己，开启美好的一天，是很多用户觉得很享受的一件事情。如图 7-5 所示，为喜马拉雅的首页。

图 7-5　喜马拉雅 FM 的首页

　　喜马拉雅 FM 的界面十分简洁明快，推送的内容也非常丰富，有人文、科技、心理、历史、娱乐、治愈、儿童等。对此，喜马拉雅 FM 还将不同的音频分成多个板块，如图 7-6 所示，以便用户快速找到自己感兴趣的内容。

图 7-6　喜马拉雅的分类

除了这两个板块，还有脱口秀、相声评书、音乐、情感生活、教育培训、广播剧、外语、动漫游戏等板块。可谓是应有尽有。

此外，用户不仅可以在这里听到自己想听的声音，还能够开启属于自己的电台，分享自己喜欢的书籍或者知识、音乐等，最重要的是，操作过程十分简单，只需要用微信、QQ、微博或者手机号注册一个账号就可以选择自己喜欢的电台。如图 7-7 所示为喜马拉雅 FM 的人气主播板块。

图 7-7 喜马拉雅 FM 的人气主播板块

喜马拉雅 FM 是国内发展得比较成功的一个音频平台，其独有的企业文化理念为它得到的成就作出了巨大的贡献，同时也在用户心中留下了美好的印象。

▶ 专家提醒

音频电台还会邀请一些明星或者名人入驻，以此吸引更多用户流量。比如当红人气少年组合 TFBOYS 就在喜马拉雅 FM 开设了独家电台，此外还有"黄健翔讲足球"等。

7.1.5 云听宝：首个新媒体广播云平台音响

云听宝是专为家庭应用设计的一款云端化、多元化、智能化、娱乐化、傻瓜化、定制化的内容聚合平台。如图 7-8 所示为云听宝的官网首页。

图 7-8   云听宝的官网首页

云听宝的优势在于专业化设计，只要用 APP 进行简单操作，就可以在家里的每一个角落享受云听宝带来的听觉盛宴。无论是手机还是云听宝本机，只要轻轻一按，便可轻松听你想听的。

如果你想收听符合自己个性的节目内容，那也很好办。你只需订阅自己喜欢的专辑，然后设定播放时间，就可以享受智能听音新生活了。

除了收听高质量的内容之外，用户还可以在云听宝上 DIY 专属节目并分享。如何进行节目的 DIY 和分享呢？如图 7-9 所示为用户 DIY 和分享专属节目的步骤。

图 7-9   用户 DIY 和分享专属节目的步骤

虽然云听宝致力于服务老人与小孩，但它确实是一款十分专业和高质量的音频平台，并将优质内容与趣味互动自然结合在一起，值得使用和大力推广。

云听宝与多个平台合作，集聚了很多资源，如与 CP 合作有蜻蜓 FM、天天动听、库客音乐、央广之声、有声资讯、静雅思听、听力课堂、网趣宝贝等；与广电合作有 HITFM、思路云听、蓝天云听等。

7.1.6 蜻蜓 FM：基于互联网的电台聚合服务

蜻蜓 FM 是汇聚众多音频资源、资历较老、股东众多的一家音频平台，其名字"蜻蜓"与"倾听"谐音，因此"倾听，让生活更美好"也是蜻蜓 FM 的愿景。

蜻蜓 FM 的特色在于电台收录的范围特别广，并且其中的自媒体人都在专业方面有所建树，比如人文历史、科学技术、实时军事、商业财经等。

而且蜻蜓 FM 分类也很详细，资源丰富，电台众多，主播们都有一技之长，能够依靠自身的专业知识吸引固定的粉丝，以获得稳定的流量。如图 7-10 所示，为蜻蜓 FM 的官网首页。

图 7-10 蜻蜓 FM 的官网首页

蜻蜓 FM 一直在探索移动音频的发展之路，不仅不断丰富音频节目的内容，还大力推进内容质量的提高，并打造了音频"内容付费"的商业模式。

比如，蜻蜓 FM 与朗悦数媒合作，收获金庸的武侠系列小说全集音频版权，首次开启"付费"模式；此后，又与台湾美学大师蒋勋合作，其《细讲红楼梦》成为蜻蜓 FM 最受欢迎的付费栏目；蜻蜓 FM 与高晓松联合出品付费节目《矮大紧指北》，如图 7-11 所示。

图 7-11　高晓松的付费节目"矮大紧指北"

7.2　视频平台：用视觉惊艳你我

视频平台一直都在跟随着时代的脚步不断向前发展，而作为视频平台最重要的部分——视频内容也与时俱进，日渐丰富，其中不乏品牌介绍、品牌宣传、产品促销、业务推广等。面对着日新月异的互联网，视频该如何进行营销呢？本节将带领大家走进视频平台的"营销世界"。

7.2.1　贴片广告：直截了当的宣传营销

视频平台营销的常见手段莫过于在视频大号所制作的视频前后加上贴片广告。这种营销手段有两个要点，一是发布视频的账号一定要拥有很高人气和一定影响力，二是植入的广告必须在视频播放前或视频播放后。这种营销方式的优势显而易见。笔者将其总结为三点，如图 7-12 所示。

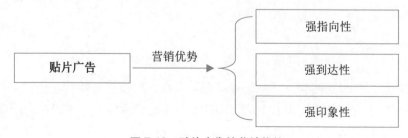

图 7-12　贴片广告的营销优势

以爱奇艺为例，作为一个具有众多资源的视频平台，其播出的很多自制网络剧都会有贴片广告的出现，如图 7-13 所示。

图 7-13　爱奇艺视频的贴片广告

7.2.2　内容营销：区别于传统广告植入

内容营销意思就是把想要推销的产品或者品牌制作成内容，这与传统的广告植入有所区别。我们要充分认识到，内容即广告这种原生广告形式，才是未来的趋势。

视频内容营销也有几大要点，总结如图 7-14 所示。

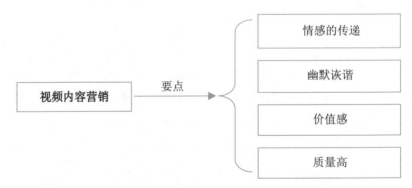

图 7-14　视频内容营销的要点

例如，百事可乐的春节广告短片《把乐带回家》就是视频内容营销一个极好的例子。其系列短片主要围绕家庭团圆的主题来进行宣传，并将产品毫无痕迹地植入其中。如图 7-15 所示为《17 把乐带回家》短片。

图 7-15 　《17 把乐带回家》

7.2.3　活动营销：开展活动，吸引注意

视频活动营销可基于视频平台开展营销活动，并以此吸引用户的关注。这种方法与社交媒体相结合，将很大程度地提升用户的参与度，并使用户更加热衷于该产品。举个简单的例子，比如举办一次有奖视频创作大赛，用视频证明某电商平台是最可靠的电商平台，并鼓励用户原创和分享。

又如迪士尼在社交媒体上组织了一次名为"迪士尼周边大比拼"的活动，鼓励广大用户通过 Vine 拍摄短视频来表达对迪士尼的看法。虽然此次活动的奖励并不是十分丰厚，但丝毫没有妨碍粉丝们参与其中的热情。各种精彩绝伦的视频超出了迪士尼的意料之外，最终活动取得了圆满成功，也为公司收集了不少广告创意原型和大量的新鲜主意。如图 7-16 所示，为"迪士尼周边大比拼"活动中的参赛视频。

图 7-16 　"迪士尼周边大比拼"活动

7.2.4　拍摄短片：全力解答客户疑问

用户怎样培养对平台的信任呢？一般这种信任来自对平台的深度了解，因此，对于平台方来说，制作短片解答客户的疑问是最好的方法。

拍摄平台短片解答客户疑问的目的是营销，而这种营销方式的优势就在于既回答了客户的问题，又展现了自身产品的权威性和专业性。这种方式也有相关的步骤流程，笔者将其总结为三步，如图 7-17 所示。

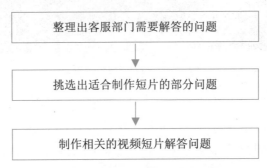

图 7-17　拍摄短片解答客户疑问的步骤

比如说，你可以利用视频让客户知道你的产品是很方便安装的。你只要拍摄一段简单明了的安装教程，然后通过语音进行指导，就可以让粉丝了解到更实用的消息，得到更加正确的指导。作为 Vine 上最火的标签之一——"how-to"，就是专门为了帮助那些隐藏的客户解决问题而提供的一种便捷方式。

举个例子，Intel 曾在 Instagram 上发布一个关于如何自己亲手用毛衣 DIY 超级本电脑包的视频，如图 7-18 所示。

图 7-18　Intel 在 Instagram 上展示用毛衣 DIY 电脑包

首先是这个视频很有新意，能引起用户的注意。其次是整个视频最重要的意义，即教会了用户怎样亲手完成一件事。

由此，我们可以得知这类视频不仅仅是为了向用户提供娱乐的资源，而是的的确确为用户带来了一些有价值的实用信息，还会让用户对品牌增加更多好感。

7.2.5 展示制作过程：尽显产品的真

视频营销还可以通过展示产品的制作过程来进行。这样的话将会给潜在客户留下比图片更为直观的印象，客户也能够接收到更多有价值的信息。

比如，作为咖啡馆，可以展示咖啡制作工艺；而面包店则可以展示烘焙点心的过程；茶叶经销商则可以展示茶叶的摘取过程等。

例如，全美第三大冰淇淋品牌BEN&JERRY'S为了尽显其产品的真实和卫生，通过 Instagram 向用户呈现了他们制作冰淇淋的全过程，如图 7-19 所示。

图 7-19　制作冰淇淋的短片

对于客户来说，没有什么是比食品的安全还要重要的，因此他们格外关心食品的制作过程。而美国冰淇淋品牌这种大胆的做法，无疑在向广大消费者证实其产品是十分安全的，从而增强用户对自己产品的好感度。

7.2.6 展现品牌文化：发现品牌的美

想要全方位展现品牌的文化和特点，仅仅依靠图片是远远不够的，还得借助视频这个平台。视频营销能让你在竞争中一马当先，脱颖而出。当然，如何展示品牌文化也是一个值得深思的问题。笔者将展现品牌文化的方法总结为三种，如

图 7-20 所示。

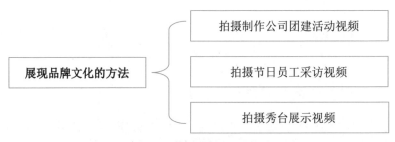

图 7-20　展现品牌文化的方法

　　利用视频营销展现品牌文化，最重要的是突出重点，让用户了解品牌的文化和产品的特色。对于一些服装大牌，比如维多利亚的秘密 (Victoria's Secret)，Burberry，他们想要传递的品牌理念就是时尚和自信。因此最明智的做法就是让用户在非常短的时间内观看一场时装秀，在视频里呈现模特走秀的场景，这样的传播效果是静态的图片展示所无法比拟的。

　　例如，Burberry 为了宣传时装表演和新款服装，在 Instagram 视频展示了秀台的相关剪辑内容，比如模特的走秀过程、一系列经典款式的服装等。如图 7-21 所示为 Burberry 在 Instagram 上关于秀台的展示。

图 7-21　Burberry 在 Instagram 上关于秀台的展示

　　Burberry 的这些视频成功地传递了品牌文化，推广了他们的产品，同时也吸引了更多用户来观看时装秀和购买新款。

▶ 专家提醒

其他展示品牌文化的方法主要有以下几点。

（1）要有明确的指导原则、价值观、经营理念、管理理念。

（2）各项制度要围绕中心理念制定。

（3）行为层要以身作则，管好自身，树立榜样。

（4）利用标语、宣传手册等实物展现品牌文化。

7.2.7 秒拍：新潮短视频分享应用

秒拍是与美拍相类似的一个短视频平台，最初它的定位偏向于媒体娱乐，后来慢慢变成了一个为普通用户提供展示自己的视频平台。但即便如此，秒拍目前的主要盈利方式还是依靠明星的人气效应。秒拍的页面比较简洁，用户上手很容易，而且分类也很精细，所以受到了广大用户的喜爱。如图 7-22 所示，为秒拍 APP 的主页。

图 7-22 秒拍的 APP 界面

作为短视频的代表之一，秒拍同样具有内容切中要害、没有广告、免费获取等优点。而作为与微博紧密相关的一个短视频平台，自然具有得天独厚的优势。各路名人、明星等都纷纷发布秒拍，吸引了很多流量，也使得秒拍获取了不少收益。

7.2.8 优酷：领先的视频分享网站

优酷是国内成立较早的视频分享平台，因为其产品理念是"快者为王——快速播放，快速发布，快速搜索"，所以成为互联网视频内容创作者（在优酷中称为"拍客"）的大本营。如图 7-23 所示为优酷的"拍客"频道。

除了"拍客"频道外，优酷还推出了"原创"和"直播"等频道，以吸引那些喜欢原创并且热爱视频的用户。在"原创"频道中，有很多热爱视频短片的造梦者，他们不断坚持并实现自己的原创梦想，诞生了一大批网红 IP，同时他们也为优酷带来了源源不断的原创短剧。

优酷因其自身视频资源非常丰富，再加上优酷背后的强大资本支持，理所当然成为国内领先的视频分享平台。

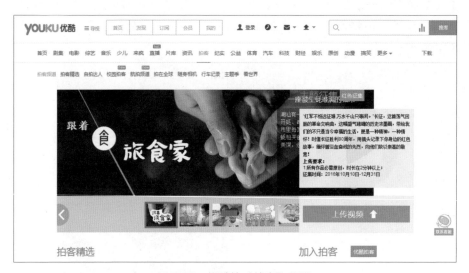

图 7-23 优酷的"拍客"频道

7.2.9 美拍："10 秒也能拍大片"

"美拍"原本只是一个用来拍手机视频的免费 APP，在上线后便受到用户欢迎，而且还取得了 App Store 全球非游戏类下载量第一的成绩。

进入美拍后，能看到上方有很多短视频的分类。如直播、热门、高效、美妆、时尚、美食等，这些都是其他用户拍摄并上传的短视频，如图 7-24 所示。

"美拍"APP 运用话题来推广自己，充分抓住了当下女性用户爱美的心理，并成功利用了微信朋友圈、微博等社交元素，这些都是"美拍"的成功之道。

图 7-24 "美拍" APP 页面

▶ 专家提醒

2016 年年初，"直播"功能首次出现在"美拍"APP 中，不久后又推出"礼物系统"功能，并以此跻身于娱乐直播平台之列。"美拍"APP 的直播参与者包括明星、网红、国际机构、媒体、品牌等。美拍直播上线不到半年，其累计直播数就达到了 752 万场，累计观众数也达到了 5.7 亿。

7.3 社交平台：用兴趣连接你我

社交平台旨在帮助人们结识更多有相同兴趣爱好的人，并借助平台相互联系、交流沟通。

现在主要流行的网络社交平台，国内有微信、QQ、新浪微博、陌陌等，国外有 facebook、instagram 等。

7.3.1 产品框架布局：多层次优化

首先，社交平台需要有一个产品框架布局。这个布局是根据信息的优先级来打造的，因此在功能模块的划分上，要区分用户操作与信息的优先级，如图 7-25 所示。

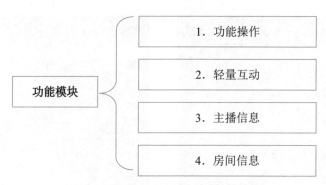

图 7-25　区分用户操作与信息的优先级

那么对于操作区域，又该如何根据用户的使用频次来划分优先级呢？笔者将其总结为三级，如图 7-26 所示。

只有对互动区域的布局进行多次调整优化，最终才能实现主播端与观众端框架上的统一。

无论是什么社交平台，采用何种社交方式，框架布局永远都是第一位的，只有了解了用户的需求，贴合需求去打造社交平台布局，才能吸引流量，收获人气。

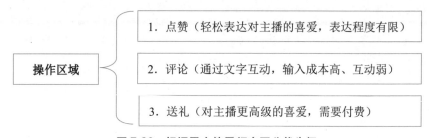

图 7-26　根据用户使用频次区分优先级

7.3.2　设计打磨：从整体到局部

对于社交平台的设计，除了整体布局之外，还要考虑到每个细小的环节。那么具体应该怎么做呢？

1. 树立全局观意识

这个全局观意识指的是对社交平台中一系列产品的考量，单独看一个产品是行不通的，因为设计的优劣是无法从单个产品身上看出来的。所以，站在整体观的角度，整体权衡多个产品设计的风格及特色才是重头戏。

2．保留与继承

既然要将产品结合起来看，那么在社交平台的设计过程中也要"取其精华，去其糟粕，推陈出新，革故鼎新"，不能囫囵吞枣，而要提炼出有创意的东西。

3．细节打磨

在社交平台的页面设计中，细节的打磨至关重要。每一个细节的优化，都是对原有设计的完善和超越。比如产品的易用性、信息展示的完整度以及优先级都要进行进一步的优化和升级。

设计社交平台，将几个产品结合在一起，不管是确定整体风格，还是打磨微小细节，都需要一定的耐心和毅力。特别是在细节的打磨方面，只有经过深思熟虑才能获得最好的效果。

7.3.3 创新性互动：表情和小视频

作为社交平台最大且最有特色的功能——互动，应该如何打造得更加有新意，能够迅速吸引人的眼球？这是一个值得好好思考的问题。

多元化的互动方式在直播中可以给用户和主播双方带来趣味性，使两者在其中都能获得娱乐享受。

最常见的互动方式包括点赞、评论、送礼三种，而颇具新意的互动方式还有哪些呢？下面为大家介绍两种新鲜的互动形式。

1．表情

表情虽然在平时的社交中已经屡见不鲜，但在直播中投入使用还是比较少的。用户可以通过表情包来表达自己对主播的情感，这种互动方式操作成本较低且互动性强，可有效实现轻松互动并有助于用户情绪的表达，如图 7-27 所示。

2．小视频

小视频这种互动形式，比其他互动形式更能活跃气氛，而且操作快速。最大的优势在于，它是一个三方互动的方式，包括"主播、观众、我"。所以说，这种创新型的互动方式能让用户拥有更加优质的互动体验。

图 7-27　QQ 直播的表情

7.3.4　直播动画特效：玩转趣味互动

直播的动画特效也是种类繁多，让人目不暇接。比如：动态表情、礼物动画、点赞动画等。这些动画特效为社交平台增添了不少趣味性和灵动性，同时也强化了动画的情感表达。

如图 7-28 所示，为动态表情。用户可以在直播中利用这些形象生动的表情来表达自己的感受，与主播进行趣味互动。

图 7-28　动画表情

在直播中送礼，是很常见的互动方式，而礼物的设计也要让用户觉得物有所值，这样才会使用户频繁用礼物来表达对主播的喜爱，敞开口袋进行消费。如图 7-29 所示为礼物动画。

图 7-29　礼物动画

　　礼物动画的特效还可根据直播内容的不同有所区别，比如才艺类主播，则适宜送玫瑰花、金话筒等礼物；美食类直播，则适宜送冰淇淋、蛋糕、拉面等礼物。而且普通的"爱心"和高级的"拉面"之间还可体现出细节的差异，以满足用户不同的心理需求。

　　与上述两种方式不同，点赞动画则拥有更加多样化的形式，用户可以在点赞的过程中体验到点赞的别样乐趣，让点赞根本停不下来。因此，点赞也变成一件很有意思的事情，如图 7-30 所示。

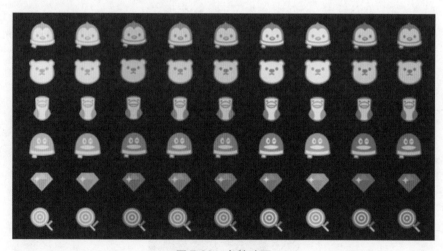

图 7-30　点赞动画

　　直播动画特效的设计为构建多样化的互动模式奠定了稳固基础，同时也为打造完善的直播体系作出了贡献。

7.3.5　QQ 空间：个性十足的"博客"

QQ 空间是腾讯开发的一款充满个性且具有与博客功能类似的社交平台，它与 QQ 相辅相成。QQ 空间时刻紧跟互联网的潮流趋势，从文字、图片、表情、动图、小视频到直播，一直在不停地进步。如图 7-31 所示，为手机版 QQ 空间的主页。

图 7-31　手机 QQ 空间的主页

从图 7-31 可以看出，QQ 空间为了丰富社交形式，红包、视频、签到、直播等功能应有尽有，可谓是用心良苦。如图 7-32 所示，为 QQ 空间的手机直播界面。已经注册了 QQ 账号的用户可以直接登录 QQ 空间，只需要点击一下直播的符号，再对准备直播的内容进行命名，就可以开始直播了。

图 7-32　QQ 空间的手机直播界面

7.3.6　千聊：基于微信的知识社区

千聊是基于微信的一个知识交互社区，主要用来分享专业知识和经验的社交平台。这个社交平台功能齐全，主要包括以下几个方面，如图7-33所示。

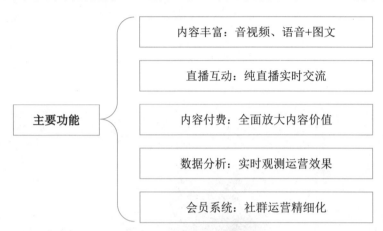

图 7-33　千聊的主要功能

千聊作为专业知识分享的社交平台，主要以直播的形式向用户传递信息。其内容也十分详细，有母婴、亲子、健康、医学、养生、情感、家庭、职场、财经、升学、人力资源等多个类目。如图7-34所示，为千聊的官网首页。

图 7-34　千聊的官网首页

千聊虽然起步不久，而且与其相对的知乎、分答、得到等知识分享领域的巨头还有一定的差距，但相信千聊能凭借自身强大的功能和碎片化学习的潮流，最终成为一个全民皆知的知识分享社交平台。

7.3.7 陌陌：人气火爆的社交平台

陌陌是一款人气火爆的社交软件，它推出直播功能 4 个月后，月活跃用户数就突破了 2000 万。为了全面打造"陌陌哈你直播"，陌陌将社交模式玩出了不少花样。比如 2015 年 9 月推出"陌陌现场"，紧接着上线"红人直播"，到 2016 年 4 月开通全民直播。

显而易见，陌陌这个社交平台已经将直播看成自己不可分割的一部分。如图 7-35 所示，为陌陌网页版直播。

图 7-35　陌陌网页版直播

2016 年 5 月 9 日，微博知名星座博主同道大叔做客"哈你直播"，通过弹幕和评论的方式与用户友好互动，并对十二星座的优缺点提出了自己的看法。

▶ 专家提醒

同道大叔的陌陌"哈你直播"首秀吸引了几十万人的关注，而且仅仅一天的时间，他直播账号的粉丝数量就突破了 2.5 万人。由此可见，陌陌这个平台的社交属性为哈你直播带来了不少人气，同时也见证了陌陌由社交到直播的进化。

如图 7-36 所示，为同道大叔直播的宣传图——"如何优雅地吐槽星座"。

图 7-36　同道大叔直播宣传

7.3.8　快手："接地气"的短视频

快手是 2011 年诞生的一个短视频社交平台，用户可以在快手上发布自己原创的、有趣的视频与其他用户分享，只要你的视频有意思，就能吸引更多人关注，被更多用户看到。如图 7-37 所示为快手的官网首页。

图 7-37　快手的官网首页

快手的主要特点是结构简单明了，界面只有关注、发现、同城三个标签，基础用户比较容易操作。而且快手的内容大多贴近真实生活，比较平民化。如图 7-38 所示为快手 APP 的主页。

图 7-38　快手 APP 的主页

快手与其他社交平台相比，更加"接地气"，受到广大用户的青睐和积极支持。其对草根阶层的深耕确实值得其他平台学习，但值得注意的是，快手目前的变现能力有限，这也是它以后需要深思的问题。

第 8 章

营销：酒香也怕巷子深

学前提示

　　直播具有即时性、互动性、面对面等特点，对企业积累人气、推广品牌等有很大的作用，因此了解直播营销的知识技巧相当重要。本章将为大家介绍与直播营销相关的内容，比如营销要求、营销优势、营销类型引导、营销模式，等等。

要点展示

▶ 营销要求：围绕产品本身
▶ 营销优势：促进用户互动
▶ 类型引导：打造多种形式
▶ 模式探索：推动营销实现

8.1 营销要求：围绕产品本身

直播是营销方式的一种，做直播要有直播就是营销的思维概念。那么在利用直播进行营销的时候，有哪些要求呢？本节将向大家介绍几种营销的实用技巧。

8.1.1 干货技能引导：精准营销

直播营销首先要做到精准营销。直播营销虽然已经成为大势所趋，但也存在一些不可避免的缺陷。比如一些企业的直播受众很多都是无用用户，也就是只看不买。因此，如何使直播用户转化为有价值的用户是企业进行直播营销的关键所在。而巧用口令红包券可以解决这一问题。

当然，在使用口令红包券这一技巧吸引用户时，有两个需要注意的事项，如图 8-1 所示。

图 8-1 使用口令红包券的注意事项

不管是何种形式的营销，精确度都非常重要，因此，如何在直播营销中找准受众，提高转化率成为必然要求。

8.1.2 产品融入场景：不露痕迹

在直播营销的过程中，想要不露痕迹地推销产品，又不让用户产生反感情绪，最重要的就是将产品融入场景。这种场景营销类似于植入式广告，目的瞄准营销，方法可以多样。那么，具体该怎样将产品融入场景呢？笔者将其技巧总结为三点，如图 8-2 所示。

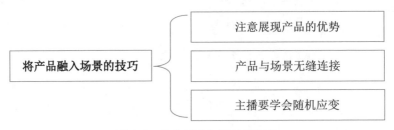

图 8-2 将产品融入场景的技巧

8.1.3　展现产品：改变才是王道

想要利用直播做好营销，最重要的就是要结合产品，向用户呈现产品所带来的改变。这个改变也是证明产品实力的最佳方法，只要改变是好的，对用户而言是有实用价值的，那么这个营销就是成功的。用户观看完直播后发现这款产品与众不同，就会产生购买产品的欲望，所以在直播中展示产品带来的改变是非常重要的。

例如，淘宝直播中有一家专门卖化妆品的商家，在策划直播时，为了突出自家产品的非凡实力，决定通过一次以"橙花素颜霜教你一分钟化妆"为主题的直播活动教会用户化妆。这听起来是一件不可思议的事情，但这也恰恰吸引了不少用户前来观看直播。

这种直播不仅突出了产品的优势，而且还教会了用户化妆的技巧。此次直播短时间内吸引了 6000 多人观看，为这家小小的商铺带来了惊人的流量。

▶ **专家提醒**

在直播中，一定要将产品的优势和实力尽量的在短时间内展示出来，让用户看到产品的独特魅力所在，这样才会有效地将直播变为营销手段。

8.1.4　"特点 + 热点"：完美融合

在直播营销的过程中，既要抓住产品的特点，又要抓住当下的热点，只有两者相结合才能产生最佳的市场效果，打造出传播广泛的直播内容。

例如，在里约奥运会期间，各大商家紧紧抓住相关热点，再结合自家产品的特点进行了别具特色的直播。一家家具专卖天猫旗舰店的直播紧密围绕"运动"这一热点来制作，其主题就是"家具运动会，全家总动员"。

在直播中，主播通过聊奥运热点、趣味事件的方法与用户互动，而话题始终离不开自家的家居产品，极力推销优势产品。比如，如何躺在舒适的沙发上观看奥运直播、怎样靠在椅子上聊奥运赛事等。

直播如果能够将产品特色与时下热点相结合，就能让用户既对你的直播痴迷无比，又能使用户被你的产品吸引，从而产生购买的欲望。

8.2　营销优势：促进用户互动

虽然直播营销还处在初级的摸索阶段，但直播的互动性营销优势已经成为共识。一般而言，大家对直播的互动印象主要为打赏、发弹幕、送礼物。而本节将围绕直播的实时互动性，详细介绍一些直播营销的优势。

8.2.1 增强用户的参与感：发挥交互优势

直播营销过程中，如果是主播只是一味地介绍产品，那么用户肯定会觉得枯燥无味，离开直播间，甚至会取消对主播的关注。这时，就应该大力发扬直播平台本身的交互优势，主播一定要及时与用户互动，这样才会带动用户的参与，增强用户的参与感。比如，在展示商品的同时与观看者进行交流沟通，及时回应用户提出的问题。

例如，在淘宝直播中，有一个主题为"懒人必备自加热小火锅"的食品直播节目，在直播时，用户可以提出对产品的各种疑问，然后主播对其进行解答，比如用户提问"小龙虾优惠多少"，除此之外，如果用户觉得主播的产品很实用，还可以关注主播，或者送礼物给主播，礼物都是用淘宝金币兑换的。

用户在直播中获得了自己想知道的信息，大大增强了参与感，其效果自然不能和单纯地观看直播相提并论，自然能使直播营销的业绩不断提升。

8.2.2 加强企业品牌黏性：懂得倾听需求

加强企业品牌黏性也是直播的营销目的之一，而加强企业品牌黏性又需要根据用户的需求组织直播内容。很多企业应向那些人气高的主播学习直播技巧，他们之所以得到众多用户的喜爱和追捧，原因就在于他们懂得倾听用户的心声，并根据用户的需求实时选择直播内容。那么企业具体要怎样倾听用户的需求呢？笔者将其要求总结为三点，如图 8-3 所示。

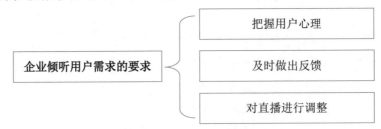

图 8-3　企业倾听用户需求的要求

8.2.3 迎合大众从众心理：结伴相继购买

在直播营销过程中，不仅有主播与用户的互动，也有用户与用户之间的互动。

比如，用户之间用弹幕进行交流，谈论产品的性价比等。

用户之间进行交流，就会产生一种从众心理，从而提高购买率。因此在直播时，如果条件具备，应在直播的界面时不时弹出"某某正在去买"这样的字眼，如图8-4所示。其目的就在于迎合用户的从众心理，吸引他们去购买产品。

图 8-4　直播界面"某某正在去买"

8.3　类型引导：打造多种形式

互联网营销对平台的需求不断提升，各种互联网平台都成为网络营销的热点，其中形式多样的网络直播平台更是热点中的热点。网络直播对网络营销来说，无疑具有很大促进意义，本章笔者将通过对具体的直播方式的介绍，使大家了解网络直播中的网络营销。网络直播的方式主要包括：信息披露直播、品牌宣传直播、网红代言直播、理财专家直播、客服沟通直播、娱乐活动直播、淘宝店铺直播、线下线上整合直播等。

8.3.1　信息披露型

信息的传播越来越快捷、便利，人们对信息的及时性要求越来越严苛，报纸、电视等传播渠道开始显得落后了，网络直播这种既能及时披露又能直观显现信息的方式，成为信息传播领域的热门和新宠。

信息披露类直播最具代表性的，当属对各种体育赛事如足球、篮球等的直播。此类直播能及时在线传播比赛详情，弥补广大球迷不能去现场观看比赛的遗憾，因此很受观众的欢迎。

8.3.2　品牌宣传型

互联网时代的企业品牌宣传，已经成为企业营销不可缺少的组成部分，而直播式的品牌宣传活动，已经渐渐地成为企业宣传的主流。想运营网络营销的互联网企业，应该顺应这种潮流树立自己的品牌。

小米、乐视、魅族、华为、锤子等品牌手机的新品发布会，就是很好地利用了直播这种形式，进行品牌和产品的宣传推广。例如，小米 2016 春季新品发布会视频，雷军在发布会上宣布推出了小米 5、小米 4s 等新款产品，并对手机相关性能作了演示和介绍。

8.3.3　理财专家型

身价资产是每个人都关心的事情，与之对应的理财专家的直播，则是广受欢迎的直播方式之一。

例如，毕业于复旦大学新闻系的财经作家吴晓波，他出版了一系列与财经类相关的书籍，如《大败局》《穿越玉米地》《非常营销》《被夸大的使命》《激荡三十年》等作品。多年的商业写作和记者经验，使吴晓波具备了丰富的商业知识。2014 年 5 月 8 日，他在爱奇艺推出财经脱口秀节目——《吴晓波频道》，通过节目来试水自媒体内容直播。

8.3.4　网红代言型

如今，普通网店那种简单的商品罗列已经很难打动消费者，因为消费者看不到他们想要的东西，网红代言成为新的网店热点。例如，著名网红董小飒，他是 LOL（英雄联盟）知名玩家、YY 知名解说，目前是虎牙直播签约主播。

董小飒早期便在直播平台积累了超过 100 万的订阅量，通过 LOL 游戏解说为他带来了大量高黏性的粉丝，并将其引流到淘宝店铺，每个月的收入超过 10 万元。在视频直播中获得粉丝后，董小飒转型淘宝开店为自己代言，通过网络营销的方式实现粉丝变现。

8.3.5 客服沟通型

客服沟通直播通过视频直接展现的方式，使用户对企业服务更为了解，从而拉近企业与用户之间的距离。

例如，如图 8-5 所示，中国移动微博推出的客服直播对话服务，使用户既闻其声，又见其人，为客户提供了更为真实、形象的服务。

中国移动 V

9月21日 11:28 来自 微博 weibo.com

#2016中国国际信息通信展# 既能闻其声，又能见其人，在不久的将来，小主们就可以体验10086视频直播服务啦！小移家的视频直播服务，继承10086专业服务品质，采用"一点接入、全网服务"的模式，为客户提供更加真实、透明、形象、方便的服务。小主们可以从中选择自己喜欢、适合自己的服务人员，这感觉真…

展开全文 ∨

图 8-5 中国移动微博发布的客服直播服务

8.3.6 娱乐活动型

移动互联时代，一切都往娱乐化方向发展，通过开展与直播相关的娱乐活动，能促进企业影响力的提高，娱乐活动的直播将成为新的直播热点。而且，不只是局限于公司企业，"明星""网红"甚至普通人，也可以通过开展娱乐活动的直播来为自己积累人气；这也正是直播活动的魅力所在，对于品牌的推广有很大的借鉴意义。

例如，2016 年 3 月 22 日，由王宝强自导自演的喜剧电影《大闹天竺》在北京举行"西征钱行会"，同时邀请了陈凯歌、冯小刚、徐峥、陈思诚、曹保平、韩杰、李杨等诸多一线导演助阵。王宝强表示，希望在电影拍摄时，将片场那些搞笑的、有趣的以及感动的画面在第一时间分享给用户。为了更好地宣传自己首次导演的新片，王宝强还在斗鱼平台直播共计 900 分钟的片场趣事。

通过与斗鱼直播平台的强强联合，王宝强的《大闹天竺》直播间在线人数一度突破 500 万人次大关，此举同时也为电影行业带来了一种全新的营销模式——"网络直播＋电影模式"。直播类新媒体平台具有较高的互动性，这些强大的粉丝经济为竞争激烈的电影行业带来新的曙光。

网络是拉近品牌与粉丝距离的重要途径，通过网络上的直播互动能使粉丝更加熟悉了解品牌，这对品牌的营销具有非常重要的意义。

8.3.7　淘宝店铺型

在淘宝这个时尚媒体开放平台，聚集了一大批以淘女郎为代表的电商红人，她们已经超越了产品本身，卖的更多的是一种生活方式和体验，其网络营销是与忠实粉丝长期互动中自然演化而成的。

很多消费者喜欢在网红店铺购物，因为粉丝觉得她们搭配的衣服好看，希望穿出和她们一样美丽的效果。例如，网络红人张大奕，她从一个模特成功转型为拥有五颗皇冠的淘宝卖家。

张大奕的成功营销离不开她个人的努力，也离不开粉丝的支持。张大奕的淘宝店铺主要打造出文艺、清新的内容风格，深受广大粉丝欢迎，粉丝产生的购买力就是她店铺的最核心竞争力。张大奕的淘宝店曾创下上线新品 2 秒卖完的销售盛况，只用 3 天就完成了普通线下店铺一年才能达到的销量，平均月销售额甚至超过了百万元，这可以说是互联网营销的一个奇迹。"真实素材"的原创内容加上与粉丝的深度互动是张大奕成功的主要秘诀，这样才能给粉丝带来真正的信任感，获得的粉丝黏性也远比"美貌"更靠得住，这是主播和企业需要牢记的关键点。张大奕的淘宝店铺开张不到一年便升级到"四皇冠"，并且是全平台女装排行榜中唯一的个人店铺。

8.3.8　线上线下整合型

互联网营销方式不再局限于线上营销，线上与线下的相互延伸和整合，已经成为一种新的潮流，通过线下线上整合直播能促进品牌推广。

例如，著名脱口秀主持人罗振宇，因为主持线上节目《罗辑思维》成为名人。而除了线上的节目，他还积极展开线下的跨年演讲活动，通过每年一次的演讲活动拉近与粉丝的距离。如图 8-6 所示为罗振宇 2015 年举办的跨年演讲活动"时间的朋友"。

图 8-6　罗振宇 2015 跨年演讲"时间的朋友"

8.4　模式探索：推动营销实现

推动直播营销的实现还需要探索各种新鲜实用的模式，没有模式的创新，就无法获得更加优秀的营销效果。本节将向大家介绍几种有效的营销模式。

8.4.1　新平台"酷学网"：弥补行业资源缺陷

新东方作为传统业务的直播平台，一直在不断探索新教育模式，弥补当前行业缺陷。比如它推出的一个网络直播课平台——酷学网，这个平台不仅支持新东方教师的课程直播，还给新东方外的优秀教师提供入驻机会。

这种模式不仅能为酷学网带来活力，注入新鲜的血液，还能大大丰富课程内容，从而吸引学员加入课程直播，推动营销的实现。此外，酷学网自身的一些优势也使营销变得更为简单，笔者将其总结为三点，如图 8-7 所示。

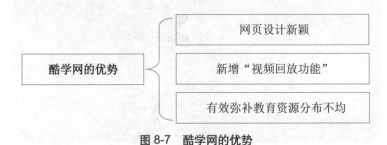

图 8-7　酷学网的优势

8.4.2　美女主播：赚足视觉享受的经济变现

说起直播的盈利，最初主要是秀场直播中获取的。对于这种视觉享受的经济变现模式而言，最重要的就是主播。

主播的素质和特长基本上决定了营销的成功与否，而秀场直播平台的主要收入则包括三个方面，如图 8-8 所示。

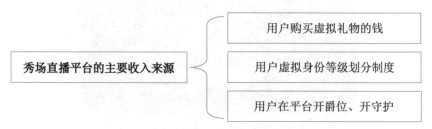

图 8-8　秀场直播平台的主要收入来源

虽然秀场直播的营销模式比较简单，操作起来也很容易，但它的地位始终都是比较稳固的。只是需要更多的探索和发现，以不断改造和发展它。

8.4.3　"双师直播课"：构建精品教育模式

"直播 + 教育"的模式发展得如火如荼，而各大教育机构也在不断探索更加精细的教育直播模式，推动营销的实现。比如学而思网校就大力开拓直播教育新模式，将传统的"双师课堂"发展为"双师直播课"，即"直播 + 录播 + 辅导老师"的模式，如图 8-9 所示。

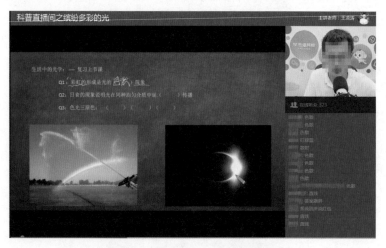

图 8-9　学而思的"双师直播课"

这种模式可以为学生提供优质而精良的教育资源，而且还能解决学生与老师双向互动的问题，可以说是教育直播方式的一个重大突破。

而对于直播营销而言，教育直播的潜力还很大，如此便捷的教育资源的分布，想必也会促进营销的发展。

8.4.4　明星 IP：构成泛娱乐产业的核心

随着泛娱乐产业的迅速发展，打造明星 IP 成为推动营销实现的重中之重。只要有一明星 IP 为核心，无论是公司还是个人，无论在什么领域，都能够实现营销的最佳效果。

例如，2013 年湖南卫视推出的一档户外真人秀节目——《爸爸去哪儿》获得了十分傲人的收视成绩，其后衍生的《爸爸去哪儿》大电影、《爸爸去哪儿》小游戏也受到人们的喜爱。

《爸爸去哪儿》的热潮不得不归功于强大的明星 IP，正是因为其抓住了明星 IP 的粉丝经济效应，因此促进了营销的发展。

而如今的直播营销同样也借鉴了这些经验，比如在"直播＋电商"模式中邀请明星 IP 为产品造势，魏晨、薛之谦在聚美直播平台推荐化妆品，张艺兴在直播平台为绅士坚果打广告等。

当然，明星 IP 不管处于哪个领域，都带有粉丝经济效应，好好把握明星 IP，才是推动营销实现的关键。

8.4.5　"泛娱乐"：衍生泛娱乐发展模式

随着直播的不断深入发展，其模式也越来越广泛，而泛娱乐的直播模式就是现在的大势所趋。虽然其中也存在不少问题，但总的来说，我国的泛娱乐发展模式还是良好的。具有中国特色的泛娱乐发展模式大致分为三步，如图 8-10 所示。

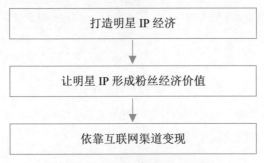

图 8-10　泛娱乐发展模式的流程

而泛娱乐具体包括哪些领域呢？以阿里的泛娱乐布局为例，其内容包括：阿里影业、阿里音乐、阿里游戏、阿里综艺、阿里电视、阿里教育等。泛娱乐发展模式将会给直播营销带来更多机遇，前景一片大好。

8.4.6 "素人直播"：快速业内登顶

"素人直播"意思就是普通人的直播，与明星、网红、名人不同，"素人"是未经任何修饰的、纯天然的、和你我一样的普通民众。而"素人直播"的兴起主要得力于映客直播，作为一款致力于让人人都能直播的社交软件，映客将"素人直播"推向了发展的顶端。

"素人直播"的内容多以日常生活为主，如吃饭、上班、养花、逗狗等，这样的直播方式虽然看似单调无趣，但实际上为解决很多直播用户的孤独问题提供了很好的媒介。而且这样的直播门槛低，能引起很多普通人的情感共鸣，从而推动营销的实现。当然，直播平台也要对"素人直播"实行严格的监管，以避免出现一些违反规章制度的直播内容，影响整个网络环境。

8.4.7 直播平台：持续满足用户需求

对直播平台而言，用户的需求永远都是第一位的。只有持续与用户进行互动，对用户提出的意见及时作出反馈并满足用户需求，才能推动营销的实现，获得经济效益。以 YY 直播为例，除了在内容上吸引用户以外，它还不断提升用户的直播体验。那么它具体是从哪几个方面做的呢？笔者将其总结为三点，如图 8-11 所示。

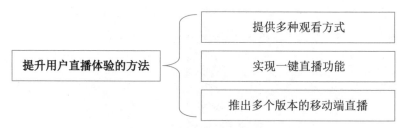

图 8-11　提升用户直播体验的方法

正是由于 YY 直播一直注重用户的价值，关注用户的需求，才收获了大量的用户，从而推动了直播营销的实现。

8.4.8 淘宝直播：Buy+ 体验呈现

对于直播营销而言，一方面要吸引用户购买产品，另一方面又要提升用户的直播体验。淘宝在这方面做得很好，从一开始的"足不出户，购尽天下物"到现在的"Buy+"全球首次开放体验，淘宝用行动向我们证明了它的实力。

2016 年 7 月 22 日，淘宝"造物节"正式开幕，随之而来的还有阿里 VR 实验室研发的 Buy+——虚拟现实购物体验产品。此次 Buy+ 体验呈现的两个主要购物场景，其产品分别为女包和男女内衣，用户只要戴上"头盔"，进入体验空间，就能亲身体验琳琅满目的虚拟商店。

此外，用户还可以通过手柄设备与朋友一同在虚拟购物空间进行交流。在这里，用户不仅可以 360 度观察产品，还可以让模特展示服装效果。

淘宝将目光投向直播，一方面利用技术提升了用户的购物体验，另一方面也推动了营销的实现，并促使淘宝直播不断向前发展。

8.4.9 进阶：从娱乐化到专业化

直播从泛娱乐模式到垂直领域模式的发展，展示了直播从娱乐化到专业化的进阶。随着直播的不断发展，用户也渐渐对直播内容提高了要求，越来越偏向于专业化的直播。

垂直领域直播对专业知识有着更高的要求，对用户的纯度要求也很严，刚好契合了用户的需求。而垂直领域之所以迈进直播平台，其原因有三点，如图 8-12 所示。

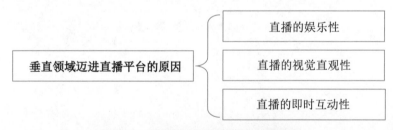

图 8-12　垂直领域迈进直播平台的原因

同时，对于垂直领域来说，网络直播与垂直领域的结合有利于垂直领域突破瓶颈，找到新的发展机遇；对于网络直播来说，垂直领域的专业性提高了这一领域直播的门槛，减少了竞争。

这二者的合作对营销相当有利，同时还能为营销找到新出路。

8.4.10 波罗蜜：成功试水"直播 + 电商"

谁也没想到，第一个瞄准"直播 + 电商"模式商机的企业竟是一家最初名不见经传的企业。

但就是这次对"直播＋电商"模式的探索使这家企业获得巨大利益，且被公众熟知，其营销模式更是被其他企业竞相模仿。这个企业就是——波罗蜜。波罗蜜在将直播与电商相结合前，经过了深思熟虑。虽然它本身只是一个资历不深的电商企业，也没有太多先天优势，但它看准了日渐火热的直播平台中隐藏的商机，勇敢探索营销新模式，最终获得了成功。

网络直播的即时互动性与电商的便捷性相结合，打造了完美的"直播＋电商"模式。在波罗蜜试水"直播＋电商"的当天，用户第一次感受了与以往完全不同的购物体验，如发弹幕、送红包、抽免单等环节都让用户感到新奇无比，大大激发了用户的购物热情。

随着"直播＋电商"模式的不断发展，各大商家也纷纷展开了直播销售，各种新的营销模式也层出不穷，如"明星＋直播＋电商"等。

8.4.11　兰渡文化：做好垂直领域的头部内容

兰渡文化开始是一个以女性垂直内容为方向的企业，但其 CEO 陆婷婷敏锐地察觉到了直播平台的商机，于是她开始涉足"直播＋综艺"的营销模式。

由于看到直播平台的受众女性偏多，于是兰渡将直播的重心放在做好垂直领域的主要内容上。在进行"直播＋综艺"模式的探索过程中，其步骤如图 8-13 所示。

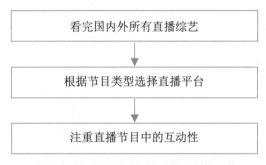

图 8-13　"直播＋综艺"模式的探索过程

2016 年 8 月 3 日，兰渡与腾讯互娱联手打造的一档直播综艺节目《拜托了！粉丝》一经播出，第一季就收获了 3300 万次播放量的成绩。在这个节目中，兰渡采用了偶像养成的真人秀模式，选手的晋级都取决于用户的互动。直播的优势就在于用户的参与感强，兰渡很好地把握了这一点，这也是兰渡为什么成功的原因之一。

兰渡对"直播＋综艺"模式的探索赢得了不错的业绩，对于直播营销来说，也是一次重大的突破。相信兰渡以后还能为直播营销的模式创新带来更多惊喜。

第 9 章

运营：提升成功的概率

学前提示

　　直播营销想要获得成功，就应该有一个周密的策划流程。如果只是敷衍了事，那么就很难获得用户的关注和追捧。本章将向大家介绍直播营销的几大流程：选主题、找渠道、供内容、齐推广，旨在帮助大家熟悉流程，掌握直播营销的技巧。

要点展示

▶ 选好直播主题：以用户为主

▶ 找准传播渠道：多模式出击

▶ 提供优质内容：全方位打造

▶ 掌握直播推广：集各大平台

9.1　选好直播主题：以用户为主

做好直播营销的第一步，就是选好直播的主题。一个引人瞩目的优秀主题是传播广泛的直播不可或缺的，因此如何确立直播主题，吸引用户观看直播是直播营销中最关键的一个步骤。俗话说，"好的开头是成功的一半"，选好直播的主题也是如此。

本节将向大家介绍几种确立直播主题的方法，如从用户角度出发、及时抓住时代热点、打造直播噱头话题、专注围绕产品特点等。

9.1.1　注意直播目的：不能无准备

首先，企业要明确直播的目的，是单纯营销还是提升知名度？因此，如果企业只是想要提高销售量，就将直播主题指向卖货的方向，吸引用户立马购买；如果企业的目的是通过直播提升企业知名度和品牌影响力，那么直播的主题就要策划得宽泛一些，最重要的是要具有深远的意义。

直播的目的大致可以分为三种类型，如图 9-1 所示。

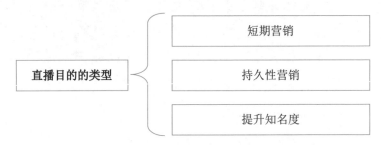

图 9-1　直播的目的类型

下面重点介绍一下关于持久性营销直播主题的策划。对于持久性营销而言，其直播目的在于通过直播平台持续卖货，获得比较稳定的用户。所以，持有这类直播目的的直播主题应该也具备长远性的特点。

在策划直播的主题时，应该从自身产品的特点出发，结合其他店家的特点，突出自己的优势，或者直接在直播中教授给用户一些实用的知识和技巧。这样一来，用户就会对店家产生好感，并最终成为店家的"铁杆粉丝"。

例如，淘宝直播中有一个叫"零屋全球创意品牌店"的商家，一个专门销售各种有创意用品的商家。在这个商家的直播中，不仅有产品的直接展示，而且还会告诉用户怎样选择适合自己的产品，让用户感觉购物的同时还学到了不少知识。

如图 9-2 所示，为这家淘宝店家的店铺主页和直播页面。

图 9-2　淘宝店家的店铺主页及直播页面

从图中可以看出，店家在直播中推送了化妆包，但它的标题是带有技巧性的，"如何选择适合自己的化妆包？"很多用户看到这个标题就会觉得很实用，同时也有效抓住了女性的爱美心理，拉近用户与店家的距离。

许多用户在观看完直播后都能得到一定的收获，所以也会对下次直播能带来什么精彩内容充满期待。这就是持久性营销的直播目的，为了实现销售的长久性，全力黏住、吸引用户。

9.1.2　从用户角度切入：迎合其口味

在服务行业有一句经典的话叫作"每一位顾客都是上帝"，在直播行业用户同样也是上帝，因为他们决定了直播的火热与否。没有人气的直播是无法经营并维持下去的。因此，直播主题的策划应以用户为主，从用户角度出发。

从用户的角度切入，要注意的有三点，笔者总结为下，如图 9-3 所示。

从用户角度切入，最重要的是了解用户究竟喜欢什么，对什么感兴趣。有些直播为什么如此火热？用户为什么会去看？原因就在于那些直播迎合了用户的口味。

现在关于潮流和美妆的直播比较受欢迎，因为直播的受众大多都是年轻群体，对于时尚有自己独特的追求，比如"清新夏日，甜美时尚减龄搭""小短腿的逆袭之路""微胖女孩儿的搭配小技巧"等主题都是用户所喜爱的。而关于美妆的直播更是受到广大女性用户的热烈追捧。

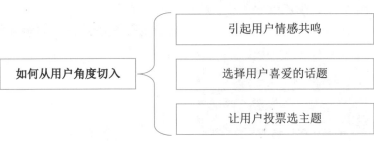

图 9-3　如何从用户角度切入

　　例如淘宝直播有一个名叫"不开美颜的大胖"的主播，专门直播微胖女生的穿搭技巧。在直播中，主播亲自试穿不同的服装，为用户展现如何利用服装搭配的技巧来掩盖身材的缺陷，如图 9-4 所示。同时，如果用户觉得主播试穿的衣服也适合自己的话就可以点击相关链接直接购买，如图 9-5 所示。

图 9-4　关于时尚穿搭的直播

图 9-5　时尚穿搭直播，边看边买

美妆的直播也是如此。除此之外，各种新鲜热点、猎奇心理等主题也能激发用户的兴趣，企业需要从身边的事情挖掘，同时多关注那些成功的直播是怎么做的，才能策划出一个完美的主题。

▶ **专家提醒**

> 当然，用户自己投票选择主题也是体现从用户角度切入的一个点。一般模式的直播都是主播决定主题，然后直接把内容呈现给用户。而如果迎合用户的喜好的话，企业就要准备好"打一场无准备之仗"，即按照用户的意愿来。主播要随机应变，积极调动用户的参与热情。投票的另一种方法就是直播之前投票。比如平台方可以在微信公众号、微博等社交软件发起投票活动，让用户选择自己喜爱的主题。

9.1.3 抓住时代热点：切记要及时

在互联网发展得无比迅速的时代，热点就代表了流量，因此，及时抓住时代热点是做营销的不二选择。在这一点上，企业要做的就是抢占先机，迅速出击。

打个简单比方，如果一个服装设计师想要设计出一款引领潮流的服装，那他就要有对时尚热点的敏锐眼光和洞察力。确立直播主题也是如此，一定要时刻注意市场趋势的变化，特别是社会的热点所在。

例如，2016年里约奥运会就是一个大热点。各大小企业纷纷抓住这个热点，将自己的产品与奥运会联系起来，利用"奥运"的热点推销产品。比如当时红极一时的蚊帐，中国运动员在卧室撑起了蚊帐，吸引了不少外国人的注意，因为大多数欧美地区没有使用过蚊帐。因此，中国的蚊帐瞬间就"火"了。

显而易见，这次"蚊帐＋奥运"产品营销就非常符合市场热点的要求。于是各大商家抓住了这个热点，在直播主题中加入了这个热点因素，吸引了不少用户关注。

当然，抓住了热点还远远不够，最重要的是如何利用热点快速出击。这是一个程序比较周密的过程，笔者将其总结为三个阶段，如图9-6所示。

总之，既要抓住热点，又要抓住时间点，同时抓住用户的心理，这样才能创作出一个优秀的直播主题。

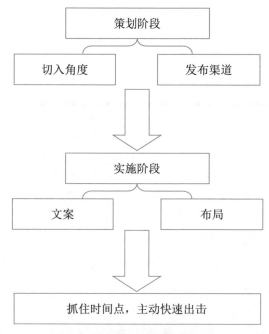

图 9-6 跟住热点跨速出击的过程

9.1.4 打造噱头话题：为直播添彩

制造一个好的话题也是直播营销成功的法宝。当然，制造话题也是需要技巧的，利用噱头来打造话题会使很多用户为之瞩目，所谓噱头，即看点和卖点。巧用噱头打造话题可令用户为之兴奋。

如何利用噱头来打造话题呢？从不同的角度而言，可分为三类，如图 9-7 所示。

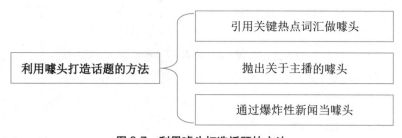

图 9-7 利用噱头打造话题的方法

在策划直播主题时，企业要学会利用热点词汇作噱头，吸引用户的注意力。例如，2016 年里约奥运会期间，一句"洪荒之力"带动了该词汇的广泛传播，一时间红遍网络，无论是企业还是个人，都纷纷引用"洪荒之力"来表达自己的观点。其中，微博平台的 # 傅园慧洪荒之力 # 的话题吸引了几千万人的阅读，如图 9-8 所示。

图 9-8　微博 # 傅园慧洪荒之力 # 话题

很多企业在直播中也借助这个关键词，吸引用户的眼球。类似的热点词汇还有很多，比如"一言不合就……""走心"等。

在直播中，商家也巧妙地借用"走心"这个关键词来吸引用户流量。例如，淘宝直播一个主题就采用了这个热词，叫"走心的口红推荐评价……"，如图 9-9 所示。

图 9-9　利用热词打造直播主题

由此可见，打造噱头主题时借鉴热点词汇确实是一个相当实用的技巧，既可成功地引起人们的情感共鸣，同时也能获得人气和收益。

成功的直播主题策划需要能吸引用户前来观看，因此打造噱头成为一种针对性文档方式，最重要的还是从各个方面综合考虑为好。

9.1.5　围绕产品特点：展现大优势

如果企业想让用户从头到尾，一会儿不落地将直播看完，那么就一定要围绕产品特点进行直播主题策划。

因为你要向用户全面展示产品的优势和与众不同的地方，这样用户才会产生购买的欲望。

围绕产品特点的核心就是"让产品做主角"。有的企业在直播时，将产品放在一边，根本没有向用户详细介绍产品的优势和特点，一味给用户讲一些无关紧要的东西；有的企业一开始直播就滔滔不绝地介绍产品，丝毫没有其他的实用技巧。这两种直播方法都是不可取的，对企业的营销来说有百害而无一利。

企业必须清楚地认识到：产品是关键，产品才是主角，直播的目的就是让产品给用户留下深刻印象，从而激发用户的购买欲。

那么"让产品当主角"具体该怎么做呢？这里有几个基本做法，笔者将其总结为三点，如图9-10所示。

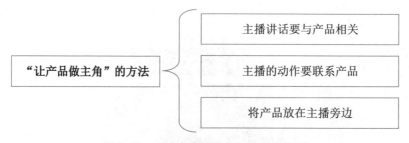

图9-10　"让产品做主角"的具体做法

当然，这些都需要在直播之前做好相关准备，才能在直播时进行得有条不紊。例如，淘宝直播中有一个卖珠宝的商家，在直播中展示了产品的相关信息，如图9-11所示。

而他的直播内容也全都是围绕产品进行，比如珠宝的特色、质地、适合的人群等，而且还可以边看直播边点击链接购买，如图9-12所示。

图 9-11　商家对珠宝进行展示

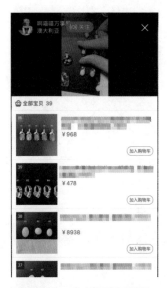

图 9-12　珠宝的购买链接

由此可以看出，用户看以销售为目的的直播是因为对其产品感兴趣。因此，直播主题策划就应该以产品为主，大力宣传产品的优势、特点，只有这样，用户才会观看直播，从而购买产品。

9.2　找准传播渠道：多模式出击

在运营直播的时候，找准传播渠道也是一个重要的方面。这种传播渠道从某种意义上来说，也是模式。

随着直播的深入发展，直播已经远远不再是单纯地作秀，而渐渐成为真正的营销方式。

所以，想要将产品成功地推销出去，找准传播渠道是一个必不可少的环节。

9.2.1　"发布会＋直播"：多平台同步

"发布会＋直播"这种模式的重点在于多平台同步直播，因为发布会只有多平台同步直播才能吸引更多的用户关注，打个简单的比方，央视的春节联欢晚会如果没有各大卫视的转播，那么其知名度、曝光率就不会那么高。

让产品多渠道展现是向喜欢不同平台的用户提供讨论的专属空间，这样一来，他们也能在自己已经熟悉的互动氛围中进行自由的交流讨论。

例如，2016 年小米红米 Pro、小米笔记本 Air 新品发布会就格外惹人注目，其不同于以往只能在小米官网的娱乐直播上观看，而是在各大直播平台都能观看。比如人气超高的哔哩哔哩动画网站、斗鱼直播、熊猫直播等，如图 9-13 所示。

图 9-13　与小米合作的各个平台

而小米发布会在各大平台直播所引起的讨论重点也各不相同，因为直播平台的受众年龄大多分布在十几岁到三十几岁之间，因此各自的观点也是有些差异的。

这种"发布会＋直播"的模式之所以能获得令人意想不到的效果，其原因在于三个方面，一是直播之前，发布会官方的媒体就会对此消息进行大力宣传和预热，制造系列悬念吸引用户眼球；二是此种模式比较新颖，将传统的商业发布会与直播结合起来，抓住了用户的好奇心理；三是给用户提供了互动的渠道，对产品的不断改进和完善更加有利。

如图 9-14 所示，为小米产品发布会在哔哩哔哩上的直播。此次直播引起了小米粉丝和哔哩哔哩用户的广泛关注和讨论。

图 9-14　哔哩哔哩上的小米产品发布会直播

小米的发布会直播运用多平台同步直播的方式，这值得其他产品借鉴，当然，这也要根据产品的性质而定。但不容置疑的是，小米发布会直播取得了巨大的成功，此种模式为其带来了更多流量和用户。

9.2.2 "作秀＋直播"：掌握好技巧

"作秀"这个词语，可以分两个层面来解释：一个意思就是单纯地耍宝；还有一个意思就是巧妙地加入表演的成分。很多企业和商家为了避免有作秀的嫌疑，往往一本正经地直播，这样的直播往往没有什么人看。而有的企业则会利用"作秀＋直播"的模式取得销售佳绩，当然想要打造好这种模式也是需要技巧的。

2016 年 8 月 15 日，小米在四大平台进行了关于"小米 5 黑科技"的直播。这不是一场普通的营销直播，直播的过程处处充满了惊喜。

先是雷军和几个技术人员拿着电钻、钢锯等工具对手机进行敲打、破坏，显示了小米 5 的黑科技魅力所在；然后是以雷军为首的几个主播围绕产品讲段子。整个直播过程几乎难以感受到营销味，反而像是一场表演。如图 9-15 所示为技术人员用电钻在测试小米 5 的屏幕。

图 9-15　技术人员用电钻测试小米 5 的屏幕性能

▶ 专家提醒

　　"作秀＋直播"最重要的是在直播中去除营销味。想要利用"作秀＋直播"的模式获得人气，就需要结合产品突出自己的特色，同时又不能把重点倾斜于作秀，因此，把握这个"度"是核心。

　　企业直播时，不能一上来就讲产品，这样显得太过乏味，应该找点用户感兴趣的话题，然后慢慢将话题引向产品。更不能全程都在讲产品，这样用户会失去继续看直播的动力。最好的办法就是作出有自己特色的直播节目。

这些颇具特色的直播内容让用户感觉企业的直播也可以很有新意，就像表演一样能给人带来精神享受。直到直播结束了，用户们还回味无穷，希望这场"秀"还能继续上演。可见"作秀＋直播"模式只要把握住用户的心理还是很容易获得成功的。

9.2.3 "颜值＋直播"：不仅仅是颜值

在当今的直播营销中，都说对主播的要求比较低，但其实想要成为一个名气度高的主播，门槛还是挺高的。比如那些人气高、频繁登上平台热榜的主播，在依靠背后的经纪公司或者团队运作的同时，他们也有很高的颜值。

▶ **专家提醒**

> 爱美是人之常情，人人都喜欢欣赏美好的事物，所以颜值成为营销手段的一部分因素也不难理解。但需要注意的是，颜值并不是唯一条件，光有颜是不够的，要把颜值和情商、智商相结合，才能实现"颜值＋直播"的效果。

如何塑造一个有颜值的主播呢？这里面大有学问，笔者将其总结为三点，如图 9-16 所示。

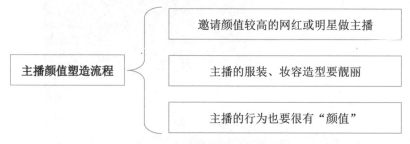

图 9-16　主播颜值塑造流程

在直播营销的运营过程中，主播的表现与产品的销售业绩是分不开的，用户乐意看到颜值高、情商高的主播，这也是颜值高，主播人气就高的原因所在。

例如，SK-II 就曾邀请其代言人霍建华担任新品发布会的主播，在美拍直播平台上进行了一场人气爆棚的直播。这次直播短时间就获得了 80 多万观众的佳绩，而且通过这次直播，本来口碑很好的 SK-II 品牌又获得了更多的知名度和曝光率，此次发布的新品的销售业绩也是节节攀升。不得不承认颜值带来的经济效应确实是不可思议的。如图 9-17 所示为霍建华在美拍的直播。

图 9-17　霍建华美拍 SK-II 直播

当然，"颜值＋直播"模式的营销效果固然十分出色，但也要注意主播个人素质的培养，只有高情商、高智商和高颜值相结合，才能获得最佳的直播营销效果。

9.2.4　"限时购＋直播"：抓住用户心理

众所周知，既然直播是为了营销，那么如何让顾客产生购物的欲望则是商家需要思考的问题。在直播过程中，商家如果加入一点"小心机"，例如采用"限时购＋直播"模式，就会大大刺激用户购买产品的冲动心理。这是一种抓住用户心理的营销战术，能够最大限度地激发用户的购买热情，从而实现营销的最终目的。

▶ **专家提醒**

> 比如天猫、淘宝、聚美等平台的直播都可以边看边买，这样的平台更适合"限时购＋直播"模式，为用户提供浸入式的购物体验。
>
> 当然，在这种平台直播时，加入限时购的模式也是需要技巧的，应根据用户心理挑选时机来变换弹出产品的方法，单一的形式不容易引起用户的注意。

例如，"贪吃的仙女"是一个专卖潮流女装的淘宝商家，其主要经营产品包括服装、箱包、化妆品等。该商家主要靠自己主播推销产品，不但亲自换装告诉个子娇小的用户如何搭配衣服，还认真回答用户提出的各种问题，解答用户的疑惑。

在直播中，主播一边向用户介绍相关的产品，屏幕上就会弹出相应的商品链接，感兴趣的用户可以马上购买。如图 9-18 所示，主播刚介绍完一款海边沙滩度假裙，屏幕就弹出了这款产品。

图 9-18　淘宝服装店家直播弹出产品购买

同时，如果用户在观看的同时关注了主播，还会有购物的红包派送，这也是一种明智的营销手段。这样不仅让用户更加想要购买产品，同时又吸引了大量潜在顾客。可谓是一箭双雕，两全其美。

此外，在屏幕下方还有一个产品信息栏，用户可以通过点击符号来获得相关的产品信息，在此选购自己喜爱的产品，如图 9-19 所示。

图 9-19　淘宝服装直播下方弹出产品

由此可以看出，企业运用"限时购＋直播"的渠道进行营销是一种明智的选择，只有加入限时购的信息页面，才能让用户买得更果断，从而提升销售业绩。

9.2.5 "IP＋直播"：效果不容小觑

直播营销和 IP 营销是互联网营销中比较火的两种模式，很多娱乐企业、著名品牌都采用了这两种营销模式，那么，可不可以将二者结合起来呢？"IP＋直播"模式的效果会不会更好呢？答案是肯定的。直播营销想要真正地火热起来，并立于不败之地，就需要 IP 的鼎力相助。

▶ **专家提醒**

> 当然，IP 也分为很多种，比如一些名人、明星本身就是一个 IP，那些经久不衰的小说、名著也是 IP，一本经典的人气漫画也是 IP。

"IP＋直播"模式的核心是如何利用 IP 进行直播营销。企业如果想要吸引用户和流量，就应该利用名人效应。传统的营销模式同样也会邀请名人代言，不过那种方法比较硬性，无法勾起用户自然而然购物的欲望。

随着时代的前进，科技的发展，人们购物心理的变化，传统的营销方式不再适用。各种营销手段和营销工具源源不断地产生，名人 IP 也成为直播营销中不可或缺的宝贵资源。各大企业学着借助 IP 来进行直播营销，利用名人 IP 的效应，吸引用户观看直播，从而实现直播营销的目标。

例如，2016 年 3 月唯品会特别邀请其代言人周杰伦做客美拍直播。在此之前，为了宣传此次活动，唯品会就在微博等社交平台上发布了相关消息。还专门开设了有关周杰伦担任首席惊喜官的微博话题，充分利用周杰伦这个超级 IP 为自己造势。如图 9-20 所示为唯品会推出的 # 我的青春杰伦来过 # 的话题。

唯品会这次直播借助名人 IP 超高人气和此前的大力宣传，吸引了上千万的观看人数，收获了诸多人气。同时，还为之后的大促销和特惠活动奠定了基础，购买人数大大超过预期。显而易见，"IP＋直播"模式吸引用户的效果是不容小觑的，好好利用的话一定能取得巨大成效。

图9-20　唯品会微博＃我的青春杰伦来过＃话题

9.3　提供优质内容：全方位打造

利用直播进行营销，内容往往是最值得注意的。只有提供优质内容，才能吸引用户和流量。因此，应结合多个方面综合考虑，为创造优质内容打下良好基础。

本节将从内容包装、互动参与、内容造势、突出卖点、内容攻心、口碑营销、事件营销、创意营销等方面介绍如何提供优质内容。

9.3.1　内容包装：带来更多的额外曝光机会

对于直播的内容营销来说，它终归还是要通过盈利来实现自己的价值。因此，内容的电商化非常重要，否则难以持久。要实现内容电商化，首先要学会包装内容，给内容带来更多的额外曝光机会。

例如，专注于摄影构图的头条号"手机摄影构图大全"就发布过一篇这样的文章："《湄公河行动》人像构图，教你如何拍出高票房！"通过将内容与影视明星某些特点相结合，然后凭借明星的关注度吸引消费者的眼球，这是直播内容营销惯用的手法。

9.3.2　互动参与：实时了解粉丝的喜好动态

内容互动性是联系用户和直播的关键，直播推送内容或者举办活动，最终的目的都是为了和用户交流。

直播内容的寻找和筛选对用户和用户的互动发挥着重要的作用。内容体现价值，才能引来更多粉丝的关注和热爱，而且，内容的质量不是从粉丝数的多少来体现，和粉丝的互动情况才是最为关键的判断点。

9.3.3 内容攻心：用情景诱导打动用户群体

直播的内容只有真正打动用户的心灵，才能吸引他们长久地关注。也只有那些能够留住与承载用户情感的内容才是成功的。在这个基础上加上电商元素，就有可能引发更大、更火热的抢购风潮。

直播内容并不只是用文字等形式堆砌起来就完事了，而是需要用平平淡淡的内容拼凑成一篇带有画面的故事，让读者能边看边想象出一个与生活息息相关的场景，才能更好地激发读者继续阅读的兴趣。简单点说，就是把产品的功能用内容体现出来，不是告诉读者这是一个什么，而是要告诉读者这个东西是用来干什么的。

9.3.4 突出卖点：运用互联网思维表达卖点

如今，是一个自媒体内容盛行的时代，也是一个内容创作必须具有互联网思维的时代，更是一个碎片阅读，要爱就要大声说、要卖就要大声卖的年代。

尤其是做直播内容电商，如果没有在适时情景下表达卖点，怎么卖，哪里卖的问题没有解决的话，可以断定这将是一次失败的直播。

内容电商不是简单的美文，也不是纯粹的小说，更不是论坛上无所谓的八卦新闻，它的作用就是促成销售，所以，如何激发读者的购买冲动，才是直播内容创造唯一的出路。

9.3.5 口碑营销：内容成"辐射状"扩散

口碑营销，顾名思义，就是一种基于企业品牌、产品信息在目标群体中建立口碑，从而形成"辐射状"扩散的营销方式。在互联网时代，口碑营销更多的是指企业品牌、产品在网络上或移动互联网的口碑营销。

口碑就是"口口相传"，它的重要性不言而喻，如小米手机，其超高的性价比造就了高层次的口碑形象，再利用这种口碑形象使企业品牌在人群中快速传播开来。

9.3.6 "病毒"传播：快速复制，广泛传播内容

在计算机和生物界，"病毒"都是一种极具传播性的东西，而且还具有隐蔽性、感染性、潜伏性、可激发性、表现性或破坏性等特征。在直播营销中，病毒营销确是一个好的方式，它可以让企业的产品或品牌在不经意中通过内容大范围传播到许多人群中，并形成"裂变式""爆炸式"或"病毒式"的传播状况。

例如，"你比想象中更美丽"是由著名女性品牌多芬发布的一部视频短片。据悉，该视频推出不到一个月，就收获了 1.14 亿的播放量、380 万次转发分享，同时多芬还因此获得了 1.5 万个 YouTube 订阅用户。

多芬通过在全球范围内做相关的调查，得出一个惊人的结论：54% 的女性对自己的容貌不满意。因此，在"你比想象中更美丽"视频中，塑造了一个 FBI 人像预测素描专家——Gil Zamora 这么一个人物。他可以在不看对方容貌的情况下，只通过女性自己的口头描述便可以描绘出她们的素描画像。然后，Gil Zamora 再通过其他人对同一位女性的印象再画一张像。通过将这两张画像对比，Gil Zamora 发现同一个女性人物在其他人眼中要远远比在自己眼中更漂亮。

动人心弦的视频内容，再加上联合利华公司的病毒式营销手段，将视频翻译成 25 种不同的语言，通过 YouTube 下面的 33 个官方频道同步播放，其内容很快扩散到了全球 110 多个国家，使多芬取得了巨大的成功。

9.3.7 事件营销：内容结合热点事件来传播

直播中采用事件营销方式就是通过对具有新闻价值的事件进行操作和加工，让这一事件涂上宣传特色后继续得以传播，从而达到实际的广告目的。

事件营销能够有效地提高企业或产品的知名度、美誉度等，优质的内容甚至能够直接让企业树立起良好的品牌形象，从而进一步促成产品或服务的销售。

9.3.8 创意营销：实现更高的点击率和关注

创意不但是直播营销发展的一个重要元素，同时也是必不可少的"营养剂"。互联网创业者或企业如果想通过直播来打造自己或品牌知名度，就需要懂得"创意是王道"的重要性，在注重内容质量的基础上更要发挥创意。

一个拥有优秀创意的内容能够帮助企业吸引更多的用户，创意可以表现在很多方面，新鲜有趣只是其中的一种，还可以是贴近生活、关注社会热点话题、引发思考、蕴含生活哲理、包含科技知识和关注人文情怀等。

对于直播营销来说，如果内容缺乏创意，那么整个内容只会成为广告的附属品，沦为庸俗的产品，因此企业在进行内容策划时，一定要注重创意性。

9.3.9　技术创新：VR、AR、全息和 3D 立体技术

IP 市场可以说是群雄逐鹿，各种垂直化、综合化、功能化的内容平台都在并行发展。当然，这其中不乏很多技术创新平台，主要包括 VR 技术、AR 技术、360 度全景摄影技术以及 3D 技术等直播内容新技术。

1．VR 技术

虚拟现实（Virtual Reality，VR）这个词最初是在 20 世纪 80 年代初提出来的，它是一门建立在计算机图形学、计算机仿真技术学、传感技术学等技术基础上的交叉学科。在直播内容中运用 VR 技术可以生成一种虚拟的情境，这种虚拟的、融合多源信息的三维立体动态情境，能够让观众沉浸其中，就像经历真实的世界一样。

2．AR 技术

增强现实（Augmented Reality，AR）其实是虚拟现实的一支分支，它主要是指把真实的环境和虚拟环境叠加在一起，然后营造出一种现实与虚拟相结合的三维情境。增强现实和虚拟现实类似，也需要通过一部可穿戴设备来实现情境的生成，比如谷歌眼镜或爱普生 Moverio 系列的智能眼镜，都能实现将虚拟信息叠加到真实场景中，从而实现对现实增强的功能。

可以预测，更多企业都会将 AR 技术与直播结合起来使用，以此形成较大的影响力，从而增强自己的市场地位。

3．全息技术

全息技术主要是利用干涉和衍射原理的一种影像技术，首先通过干涉原理将物体的光波信息记录下来，然后利用衍射原理将这些光波信息展现为真实的三维图像，立体感强、形象逼真，让观众产生真实的视觉效应。

无论什么样的直播，都应该先丰富自身内在的表现形式，而全息影像等新技术正是一种增强自我的好手段，可以为用户带来更加精致的内容。

4．3D 立体技术

3D 立体技术主要是将两个影像重合，使其产生三维立体效果，用户在观看 3D 直播影像时只要戴上立体眼镜，即可产生身临其境的视觉效果。

在 3D、VR 等高新技术蓬勃发展的今天，企业可以将这些技术运用在网络直播中或 IP 内容中，这也是值得让人期待的。

9.3.10 内容生产：用户自己创造更加活跃

让用户参与内容生产，这个不仅仅局限于用户与主播的互动，更重要的是用户真正地参与到企业举办的直播活动中来。当然，这是一个需要周密计划的过程，好的主播和优质的策划都很重要。

2016 年 6 月 29 日，乐视旗下的"乐迷社区"直播平台——乐迷面对面，进行了乐 2"英雄本色"新品手机的发布会直播。

当天在发布会现场，乐视邀请了多位"乐迷"与乐视的高层坐在前排，"社区"中还有"乐迷"观看了直播。在这次直播中，乐视与此前一样。多方面接受用户对乐视手机的意见和使用反馈，并承诺在下次新品发布时对产品进行改进和升级。让用户参与互动的直播更能显示直播的魅力和实力，同时其内容也会让用户感到有趣。此次直播获得了不俗的观看成绩，总共有 90 多万人观看，15 万的互动量，点赞也超过了 123 万。由此可见，让用户参与内容生产是创造优质内容的绝妙方法，值得在直播营销中一试。

9.3.11 真实营销：明确用户真实的需求

优质内容的定义也可以说是能带给用户真实感的直播内容。真实感听起来很容易，但透过网络这个平台再表现，似乎就不是那么简单了。首先，主播要明确传播点，即你所传播的内容是不是用户想要看到的，你是否真正抓住了用户的要点和痛点。这是一个相当重要的问题。

举个例子，你的用户群大多都是喜欢美妆、服装搭配的，结果你邀请了游戏界的顶级玩家主播讲了一系列关于游戏技巧和乐趣的内容，那么就算主播讲得再生动、内容再精彩，用户不感兴趣，与喜好不相符合，脱离了真实感，你的直播也不会成功。

那么究竟要怎么做呢？可用一个淘宝直播的例子来说明。比如"慧喵大大"这个主播就十分受用户欢迎，因为她充满真实感，也很接地气。她推荐的东西也大多比较平价，而且每次介绍产品也不会用很夸张的语言，还亲自换装，给用户展示服装的效果，如图 9-21 所示。

图 9-21　慧喵大大的直播

可以看出，这个商家走的就是做真实内容的营销之路，同时也取得了良好的营销成绩。她成功的原因有哪些呢？

首先，她明确了传播点，也就是中低层年轻群体，收入一般；其次，她在直播中行为、语言都是真实的；最后，她成功抓住了用户的需求点。

9.3.12　创新内容："无边界"为产品带来新意

"无边界"内容指的是有大胆创意，不拘一格的营销方式。比如平时常见的有新意的广告，iphone、耐克等品牌的广告内容中没有产品的身影，但表达出来的概念却让人无法忘怀。由此可以看出"无边界"内容的影响力之深。

现在很多企业做直播时，营销方式大多都比较死板，其实做直播也应该创新，多创造一些"无边界"的内容，吸引人们的兴趣。

例如在淘宝直播中有一家专门卖电子产品的商家就十分有创意。该商家的直播内容以《王者荣耀等手游面临下架，竟因这个》为题，这让人一开始很难想到这家店铺是为了卖电脑等产品而做的直播。

很多人都以为这是一个日常的直播，没想到后来竟弹出了相关产品的购买链接，而且直播中还讲述了一些与游戏相关的知识，不看到产品链接根本无法联想到是电子产品的营销。

这样无边界的直播内容更易被用户接受，而且会悄无声息地引发他们的购买欲望。当然，企业在创造无边界的内容时，一定要设身处地地为用户着想，才能让用户接受你的产品和服务。

9.3.13　增值内容：满足用户的软性需求

很多优秀的企业在直播时并不是光谈产品，要让用户心甘情愿地购买产品，最好的方法是提供给他们产品的增值内容。这样一来，用户不仅获得了产品，还收获了与产品相关的知识或者技能，自然是一举两得，购买产品也会毫不犹豫。那么，增值内容方面应该从哪几点入手呢？笔者将其大致分为三点，如图 9-22所示。

图 9-22　增值内容的技巧

最典型的增值内容就是让用户从直播中获得知识和技能。比如天猫直播、淘宝直播、聚美直播在这方面就做得很好。一些利用直播进行销售的商家纷纷推出产品的相关教程，给用户带来更多软需的产品增值内容。例如，淘宝直播中的一些化妆直播，一改过去长篇大论介绍化妆品成分、特点、功效、价格、适用人群的老旧方式，而是直接在镜头面前展示化妆过程，边化妆边介绍产品，如图 9-23所示。

在主播化妆的同时，用户还可以通过弹幕向其咨询化妆的相关知识，比如"油皮适合什么护肤产品？""皮肤黑也能用这款 BB 霜吗？"等等，主播也会为用户耐心解答。

这样的话，用户不仅仅通过直播得到了产品的相关信息，而且还学到了护肤和美妆的窍门，对自己的皮肤也有了比较系统的了解。用户得到优质的增值内容自然就会忍不住想要购买产品，直播营销的目的也就达到了。

图 9-23　美妆直播化妆过程

9.3.14　专业内容：CEO 亲自上阵引关注

自从直播火热以来，各大网红层出不穷，用户早已对此习以为常。而且大部分网红的直播内容没有深度，只是一时火热，并不能给用户带来什么用处。

因此，很多企业使出了让 CEO 亲自上阵这一招，CEO 本身就具有吸引力，再加上对产品的专业性了解也让用户对直播有了更多的期待。

例如，神秘的网易 CEO 丁磊在 2016 年 9 月 16 日献出了直播首秀。直播的内容主要围绕评测 iphone7 的性能进行，丁磊利用时下热点 iphone7 来直播，同时又在直播中植入了自己的相关产品，比如网易考拉海购、网易新闻、网易云音乐以及手游《天下》的宣传视频等内容，如图 9-24 所示。

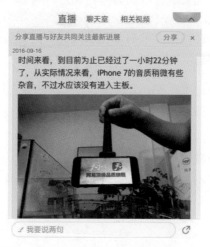

图 9-24　用 iphone7 展示自己的手游《天下》

此次直播吸引了 500 万人观看，可见 CEO 的魅力之大。在丁磊之前，也有很多 CEO 利用直播做营销，比如小米的雷军、聚美优品的陈欧、淘宝的马云等。

丁磊之所以也做起了直播，是因为看准了直播的影响力和营销力，事实证明，他的直播获得了成功。

当然，一个 CEO 想要成为直播内容的领导者，也是需要符合一定条件的。笔者将其总结为三点，如图 9-25 所示。

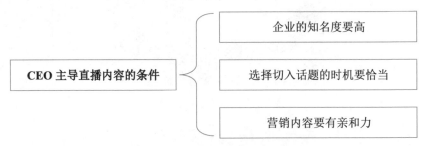

图 9-25　CEO 主导直播内容的条件

CEO 上阵固然能使内容更加专业化，可以吸引更多用户关注，但同时也要注意直播中的一些小技巧，让直播内容更加优质。

9.4　掌握直播推广：集各大平台

随着互联网营销的不断发展，各种各样有助于营销的信息工具和软件平台应运而生。学会将直播推广出去，也是直播营销中不可或缺的一环。就算主播介绍得再好，内容再优质，如果没有恰当的推广，那么营销效果也无法达到最佳。本节将向大家介绍在直播中推广的方法和诀窍。

9.4.1　社交网络：简单便捷的自由推广

在直播前对直播进行推广预热是十分有必要的，只有这样才能保证有一定的流量。比如，在微博平台，用户只需用很短的文字就能反映自己的心情或者发布信息，这样便捷、快速的信息分享方式促使大多数企业、商家和直播平台开始抢占微博营销平台，利用微博"微营销"开启网络营销市场的新天地。

在微博上引流主要有两种方式，分别是展示位展示相关信息，以及在微博内容中提及直播。更为常见的就是在微博内容中提及直播或者相关产品，增强宣传力度和知名度。

例如，各大直播平台都开通了自己的微博账号，而主播、明星、名人也可以在自己的微博里分享自己的直播链接，借此吸引更多粉丝，如图 9-26 所示。

图 9-26　明星在微博中推广直播

微信与微博不同，微博是广布式，而微信是投递式的营销方式，引流效果更加精准。因此，粉丝对微信公众号来说是尤为重要的。

尤其是微信的朋友圈，相信不用笔者说，大家都知道，微信运营者可以利用朋友圈的强大社交功能为自己的微信公众平台吸粉引流。因为与陌生人相比，微信好友的转化率更高。例如，我们可以将直播链接分享到朋友圈，如图 9-27 所示。朋友只要轻轻一点就可以直接观看直播，如图 9-28 所示。

图 9-27　朋友圈推广直播

图 9-28　点击观看直播

这种推广方法对于刚刚入门的主播更为适用，因为熟人更愿意帮助推广，逐渐扩大影响力，这样才能吸引新用户的注意，获得更多流量。

9.4.2 品牌口碑：自有平台的专业推广

作为本身口碑就较好或者规模较大的企业，在推广直播时，可以利用自身的口碑来进行推广。那么应该怎么做呢？本小节将介绍两种最典型也最有效的方式。

1. 自有平台和自媒体推广

现在一般的企业都拥有自己的自平台，因此在做直播营销时，就可以利用自平台来推广自己的品牌。比如小米会在自己的官方网站推送直播消息，京东会在京东商城推送京东直播的消息等。

2016 年 10 月 25 日小米进行的"小米 note2"直播，就在小米商城发布了相关信息进行推广，如图 9-29 所示。

小米利用官网进行直播推广，能获得更大的浏览量，用户可以通过官网第一时间了解小米的直播动态。因此，应首选官网推广，然后才选择在微博、微信公众号等推广。利用自有平台推广直播，更能吸引热衷企业的粉丝。

此外，自媒体推广也是利用口碑推广的一种绝佳方法。例如，小米的很多直播，都是雷军等自媒体大咖主持的，这样能吸引更多的用户。

因为产品的创始人能以自身的魅力获得用户的青睐，所以他们往往是推广直播的最佳自媒体。他们可以利用自身强大的影响力，在微信个人号、朋友圈、微博、空间中推广直播，这样效果更加明显。

图 9-29　小米官网中做"小米 note2"直播推广信息

大企业可以凭借自身的品牌影响力来做直播推广，无论是企业的自平台，还是公众号都可以进行。这就是大企业的优势所在。当然，如果小企业想要利用这种方式进行推广，可以主动申请创建自平台。

2．利用展览、会议等提升热度

品牌企业可以通过举办展览、开会等方式进行直播推广，因为这些活动通常会吸引众多媒体参与，从而提升企业的品牌影响力。在此过程中，为了宣传企业的品牌，可以加入直播，从而达到推广直播的目的。那么，具体应该怎么做呢？笔者总结为三点，如图 9-30 所示。

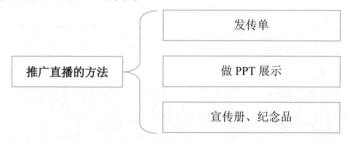

图 9-30　直播推广的方法

总之，利用口碑和品牌进行推广是一种方便又高效的推广方式，只要运用恰当，就会收获丰厚的成效。

9.4.3　论坛：内容丰富的社区推广

论坛是为用户提供发帖回帖进行讨论的平台，属于互联网的一种电子信息服务系统。在传统的互联网营销中，论坛社区始终是较为重要的一个推广宣传平台。一般情况下，早期的目标用户都是从论坛社区中找到的，再通过发掘、转化，提高用户的核心转化率，逐步打造品牌。

在论坛中进行直播推广，最重要的就是找准热门论坛，然后投放直播信息。比如，搜狐社区、天涯社区、新浪论坛、贴吧、博客等都是当前人们的论坛代表。在这里投放直播信息的步骤分为：首先，收录相关论坛；其次，在收集的论坛里注册账号；再次，撰写多篇包括直播推广内容的软文，保存好；最后，每天在这些热门论坛有选择性地发帖，做好相关记录，如果帖子沉了，用马甲号顶上。

值得注意的是，如果想要让用户关注你的帖子内容，并注意到你所推广的直播信息，就要多在论坛中与用户互动。在互动之后，论坛中关于直播的内容就会渐渐走入用户的视野，相应地直播也得到了推广。

▶ **专家提醒**

在论坛社区推广中，首先考虑的主要还是一二线城市中影响力较大的平台。先通过仔细观察论坛的一些规则与玩法，持续地参与到论坛中去，做到论坛版主、小编，能够为自身的软件推广创造更多的机会。

9.4.4 软文：提炼关键词的原创推广

软文推广主要是针对一些拥有较高文化水平和欣赏能力的用户，对于他们而言，文字所承载的深刻文化内涵是很重要的。所以，软文推广对于各大营销方式来说都很实用。

在直播营销中，软文推广也是不可缺少的，而如何掌握软文推广技巧则是重中之重。随着硬广告渐渐退出舞台，软文推广的势头开始上涨，而且以后还会慢慢占据主导地位。

比如当年的"必胜客""凡客诚品"都巧妙地通过软文推广宣传了品牌，有效提升了品牌的影响力，从而创下了惊人的销售业绩。

当然，这都是因为他们掌握了一定的软文推广技巧，那么，在软文直播推广中，我们应该怎么做呢？下面将介绍三种软文直播推广的技巧。

1. 原创软文＋关键词

原创是创造任何内容都需要的，软文直播推广更是少不了原创。只有原创才能吸引人们的兴趣。在直播营销推广中，关键词的选取是软文写作的核心。如何选取关键词也有相关的标准，如图 9-31 所示。

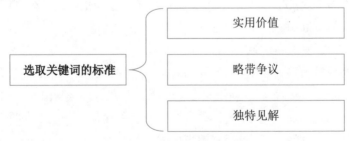

图 9-31 选取关键词的标准

2. 热门网站＋总结经验

当你有了优秀的软文推广内容，接下来就该找准平台发布软文，再推广直播信息了。像一些人气高的网站往往就是软文发布的好去处，而且发布之后还可在网站上与他人交流经验。目前网上已经有了一些专业的软文发布平台，另外，还可以将软文推广发布在博客论坛等平台，效果也还不错。当然，在网站上进行软文直播推广也有不少注意事项，笔者总结为三点，如图 9-32 所示。

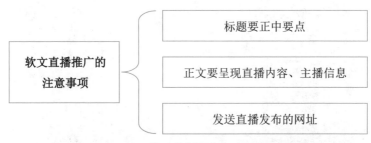

图 9-32 软文直播推广的注意事项

不要以为发完直播软文就万事大吉了，发完之后总结经验也是相当重要的。比如用户喜欢哪一类软文、为什么有的软文没有获得预期效果、软文发布到哪个平台反响最好等。企业在平时的工作中多总结并积累经验，就能够使软文推广效果越来越好，并有助于推广直播信息，从而吸引更多用户观看。

9.4.5 联盟推广：跨平台的超越推广

对于直播营销来说，没有用户就没有影响力，因此吸引用户流量是直播营销的生存之本。在进行直播内容传播时，创业者切不可只依赖单一的平台，在互联网中讲究的是"泛娱乐"战略，直播平台可以围绕内容定位为核心，将内容向游戏、文学、音乐、影视等互联网产业延伸，以此来连接和聚合粉丝情感，实现高效引流。

在"泛娱乐"战略下，直播平台可以将自己创作的优质内容实现跨新媒体平台和行业领域来进行传播，使内容延伸到更加广泛的领域，吸引更多的粉丝来关注。

直播平台和主播可以借助各种新媒体平台，让内容与粉丝真正建立联系，同时，这些新媒体还具有互动性和不受时间空间限制的特点。

9.4.6 借势：借势与造势的联合推广

借势推广是抓住热点的一种推广方法，热点时间的传播速度就如同病毒蔓延一般，让人防不胜防。直播想要获得更多的浏览量，就需要借助热点事件的影响力。

例如，聚美优品上的直播就借助了"洗护节"来推广直播，吸引用户观看，其宣传语为"'洗护节'，主播带你逛"，如图 9-33 所示。

图 9-33　聚美店家直播借势"洗护节"推广

其内容主要是宝洁洗护品牌携手各大主播进行直播，用户看到这个标题，首先是觉得新奇，其次洗护用品又是日常生活所必不可少的，所以最终用户自然就会对直播产生观看的欲望。此外，"借势＋手机通知栏推广"模式也是一种完美的直播推广方法，值得各大企业借鉴应用。

除了借势推广，造势推广也是企业需要学会的推广技巧。造势的意思就是如果没有热点事件可以借势，就自己创造出热点事件，引起用户注意。

▶ **专家提醒**

> 造势推广需要一个过程，首先在直播还没有开始前就应该营造气氛，让用户知道这件事情，以便直播开始时有一定基础的用户关注；其次是主题的确定，企业应该根据产品的特色设计直播的主题；最后是通过主播的选择和邀请明星，通过透露消息来吸引用户，使用户心甘情愿地为直播买单。

直播造势推广的方法多种多样，最典型的就是众多大企业常用的利用自身品牌、代言人等造势。因为其本身的存在就是一种势，在进行直播时，只要他有意营造氛围，那么这样的造势推广就自然会夺人眼球。

例如，淘宝在自己的直播平台利用"淘宝造物节"吸引用户的关注。在直播没开始之前，淘宝首页就已经开始宣传，而其中也邀请了不少名人，最终观看人数几乎超过 1000 万。可见造势推广的效果还是很不错的。

如图 9-34 所示，为淘宝造势直播。

图 9-34　淘宝造势直播做推广

不管是借势推广还是造势推广，都要企业付出一定的努力和心血，只有细心经营才能助力直播，使其变得火热起来，从而达到营销的目的。

9.4.7　地推："地推＋直播"的新兴推广

地推作为营销推广方式的一种，主要是利用实际生活中的地推活动获取更大的网上流量，进而达到推广效果的最优化。

打个比方，为了宣传一个品牌，你在学校举办了一场活动，主要是通过发传单或者做演讲的形式让路人了解。这样的推广效果往往是很有限的，因为宣传的影响范围比较窄。但如果你在举办活动的同时进行直播，就会有更多的人从网上了解这个活动，尽管他可能不会来到活动现场，但他还是通过直播知道了这件事情，于是品牌在无形之中得到了推广。地推是一种传统的推广方法，与直播相结合是不可更改的趋势。两者相结合能够最大限度发挥出营销的效果，是一件两全其美的事情。那么"地推＋直播"的模式的优势到底体现在哪些方面呢？笔者总结为三点，如图 9-35 所示。

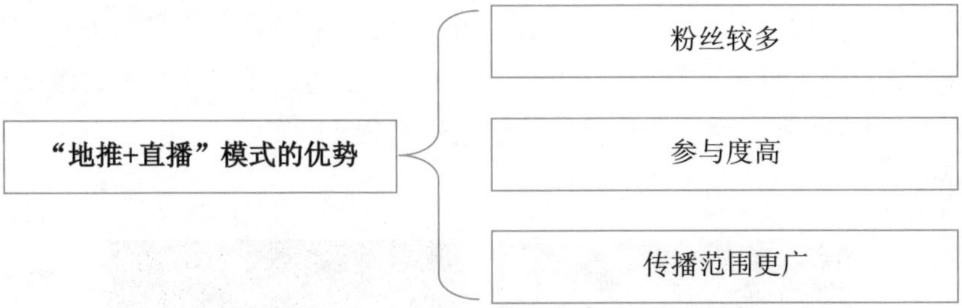

	粉丝较多
"地推+直播" 模式的优势	参与度高
	传播范围更广

图 9-35　"地推＋直播" 模式的优势

第10章

变现：找到适合自己的方式

学前提示

营销的目的就是盈利，绝对不会存在不把流量、内容变现的情况，因为变现既能帮助商家盈利，又能促进直播平台向前发展。如今，直播变现的方式多种多样，本章主要介绍流量、内容、流量＋内容变现的一些常见方式。

要点展示

▶ 变现策略：逐个击破
▶ 流量变现：用户最大
▶ 内容变现：内容为王
▶ 流量＋内容：新的开始

10.1　变现策略：逐个击破

所有的直播营销，最终的目的都只有一个——变现。即利用各种方法，吸引用户流量，让用户购买产品、参与直播活动，让流量变为销量，从而获得盈利。本节将向大家介绍几种变现的策略，以供参考。

10.1.1　充分展现优势：细节决定成败

直播与以往营销方式最不同的就是直播能够更加直观地让用户看到产品的优势，从而让用户放心，并爽快购买产品。要做到这一点，商家就要在镜头前充分展现出产品的优势，具体应该怎么做呢？笔者将其总结为三点，如图 10-1 所示。

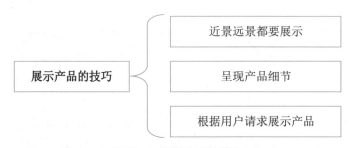

图 10-1　展示产品的技巧

例如，有一家专门卖彩妆、口红的店铺，在直播中，为了让用户看得更加清楚，主播还将产品涂在手上试色，以便用户买得放心。只要轻轻点击直播下方显示的产品图，就可以加入购物车直接购买，如图 10-2、图 10-3 所示。

图 10-2　主播展示产品的直播

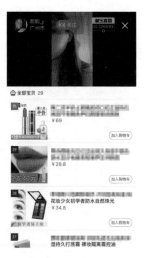

图 10-3　点击直播产品进入购买页面

这个主播就做到展示产品的三点要求，因此得到了很多用户的信任和喜爱，从而也实现了流量高效变现。

10.1.2 专注一个产品：一心绝不二用

一个直播只宣传一种产品，这听起来会不利于产品的促销，但实际上为了让用户更加关注你的产品，专注于一个产品才是最可靠的。而且这种方法对于那些没有过多直播经验的企业来说更为实用。

因为直播跟学习一样，不能囫囵吞枣，一口吃个胖子。一般来说，企业的直播专注于一个产品，成功的概率会更大。当然，在打造专属产品时，企业应该尤其注意两大点，如图 10-4 所示。

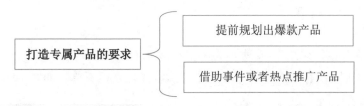

图 10-4 展示产品的技巧

通过这两种方法，企业的产品就会进入用户的视野，给用户留下深刻的印象，从而为产品的销售打下良好的基础。

例如，2016 年 7 月 20 日，H&M 服装品牌与直播平台美拍合作，联手打造了一场别开生面的直播。该直播趁着里约奥运会的势头，将主题定为"向每一次胜利致敬"。如图 10-5 所示为 H&M 在微博中对直播的宣传。

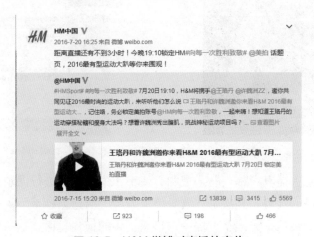

图 10-5 H&M 微博对直播的宣传

同时在直播当天还正式发售了 H&M 的高级系列 For Every Victory 产品，直播过程中，两位人气明星身穿 H&M 服装为品牌造势，引得大量粉丝关注。虽然美拍直播平台不能边看边买，但也为 H&M 赢得了不少人气，使直播中的产品一度成为爆款，引领潮流，产品销售量节节攀升。

10.1.3 福利吸睛诱导：给用户大惊喜

想让用户在观看直播时快速下单，运用送福利的方式能收到很好的效果。因为这种方式能很好地抓住用户偏好优惠福利的心理，从而"诱导"用户购买产品。

例如，有一个叫卡卡米童装的店家，进行了一场主题为"年中福利，清仓秒杀"的直播。用户从主题就可以知道这家店铺在做活动，于是也产生了观看直播的想法。

在直播中，主播为了最大限度吸引用户购买产品，发出各种福利，比如打折、送福袋、秒杀等。如图 10-6 所示为主播在展示衣服的质地、样式。用户如果觉得合适，就可以在直播页面的下方点击产品链接，直接下单，如图 10-7 所示。

图 10-6　"年中福利，清仓秒杀"直播

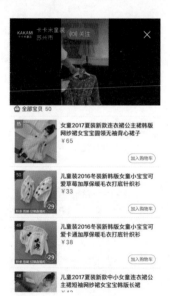

图 10-7　直播中的秒杀产品

在直播中，主播以"福利"为主题，使出了浑身解数进行促销。首先是全面为用户介绍产品的优势；其次是在背景墙上表明"清仓、秒杀"等关键字眼，引起用户的注意；最后是直接在直播中送秒杀福袋的福利。通过这些努力，观看直

播的用户越来越多，流量也不断转化为销量。

当然，给用户送福利的方法除了能在清仓的时候使用，在新品上架的时候同样也很适用。而且这种送福利的方式能更大程度调动用户购物的积极性，上新时的优惠谁会舍得错过呢？一般的企业、商家在上新时都会大力宣传产品，同时用户往往也会对新品充满无限期待，但由于高昂的价格，让很多用户都望而却步。所以，如果在新品上架时给用户送福利，能够吸引其更毫不犹豫地下单。

例如，淘宝直播中有一个名叫"董小姐"的主播，为了推销新款产品，进行了一次主题为"董小姐新品秒杀限时福利"的直播，如图10-8所示。所有产品只有在直播的时候享受折扣，这引起了众多用户的围观。主播还在直播中耐心展示产品的细节，如图10-9所示。

图 10-8　新款产品特价直播

图 10-9　主播展示产品细节

这样一个新品秒杀直播在短短的时间内就吸引了三万多用户的观看，获得了大量的流量，产品销量也随之不断上升，可见效果之惊人。

▶ **专家提醒**

此外，在直播中给观看的用户发送优惠券也会吸引用户。人们往往都会对优惠的东西失掉抵抗力，像平时人们总愿意在超市打折、促销的时候购物一样，用户在网上购物也想获得一些优惠。

送优惠券的方式分为三种，如下所示。

● 通过直播链接发放优惠券。
● 在直播中发送优惠券。
● 在直播中抽奖送优惠券。

10.1.4 体现物美价廉：买的就是优惠

在直播中体现物美价廉是吸引用户关注并下单的又一个技巧。比如，主播在直播时反复说"性价比高，包您满意"等语句。有很多人觉得这样吆喝太过直接，但用户其实需要主播向他们传达这样的信息，因为大部分消费者都持有物美价廉的消费观。

例如，有一位试图推销 VR 眼镜的淘宝店主在斗鱼直播平台进行直播时，就利用几个技巧吸引了上万用户的关注，一时间这家店铺的热度噌噌地上升，产品也由此得以大卖。那么，这位淘宝店主究竟是怎么做的呢？笔者将其营销流程总结为三个步骤，如图 10-10 所示。

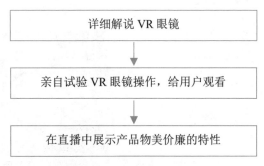

图 10-10　VR 眼镜的直播流程

同时，在直播中，主播还给用户送上了特别优惠，给"物美价廉"又增添了几分魅力，不断吸引用户前去淘宝下单。这款产品也成为该主播的最热爆款。

10.1.5 设悬念网人气：猜猜看直播啥

制造悬念吸引人气是很多营销一直都在使用的一种方法，而这对直播变现也同样适用。比如在直播中与用户互动挑战，不仅能激发用户的参与热情，同时也可使用户对挑战充满期待和好奇。例如，2016 年微鲸电视就很好地利用了设悬念网人气的方法，获得了巨大的成功。趁着欧洲杯人们对足球热情的高涨，很多企业加入直播的大战之中，微鲸电视就是其中一个。它联合美拍进行了一场主题为"颠疯挑战"的直播。

在这个直播节目中，最大的看点就是"中国花式足球第一人"谢华参与挑战2 小时颠球 4000 下。这次挑战直播设置了悬念，留住了用户，还有效增强了用户对微鲸品牌的好感度。

此外，通过设置直播标题和内容双料悬念也是网罗人气的一大绝佳方法。有些直播标题虽然充满悬念，但直播内容却索然无味，这就是人们常说的"标题党"。那么，要如何设置直播标题悬念呢？笔者将其总结为三种方法，如图10-11所示。

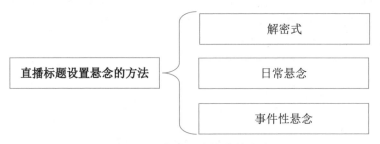

图 10-11　标题设置悬念的方法

　　至于制造直播内容悬念方面，就要根据企业自己的实际情况进行直播，一定要考虑到产品的特色以及主播的实力等因素，不能夸大其词。例如，淘宝直播中有一位潮流达人利用富有悬念的直播标题吸引了不少用户的关注，如图10-12所示。

图 10-12　"试试明星也爱穿的衣服"直播标题

　　这个标题隐约带有悬念的意味，用户可以知道这是一个服装搭配的直播，当然，它的内容同样也给用户带来了惊喜。因为这位主播在直播中不仅试穿了衣服，还给一位模特也进行了服装搭配，呈现出明星服装搭配的"小心机"。带有悬念的直播更容易吸引用户的好奇心，从而将其转化为粉丝，实现变现。因此，设悬念网人气不失为直播变现的一个绝妙策略。

10.1.6　进行多种对比：优劣高低立显

直播变现的技巧除了围绕产品本身一展身手外，还有一种高效的方法，即在直播中运用对比。对比可使用户更加信任你的产品，同时也可以营造气氛，激发用户购买的欲望。当然，在直播中进行产品的对比还需要一些小诀窍，笔者将其总结为四点，如图 10-13 所示。

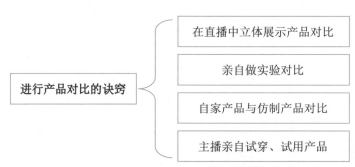

图 10-13　进行产品对比的诀窍

在这些诀窍中，尤其是主播亲自试穿、试用产品这一点能引起用户的共鸣，获得用户的信赖。比如，淘宝直播中有一个专门卖包包的店家，在直播中不断展示包包的材质、特点、款式，与仿制品相对比。不仅如此，就连拉链、包包里面的小口袋也都一一为用户呈现，如图 10-14 所示。

图 10-14　淘宝包包店家在直播中亲自对比产品

由此可以看出，在直播中运用对比的方法确实能吸引用户的关注，而且还能为直播增加一些乐趣。

▶ **专家提醒**

当然，主播在将自家产品与其他产品进行对比时，也要注意文明使用语言词汇，不能以恶劣、粗俗不堪的语言过度贬低、诋毁其他产品。只有这样，用户才会真正喜欢你的直播，信赖你的产品。

10.2 流量变现：用户最大

流量变现主要是依靠用户的力量，作为直播变现的最基本的一种模式，虽然流量变现最为常用，但远远不能满足企业盈利的需求，本节将主要介绍流量变现的含义和其他具体方法。

10.2.1 含义：积累的力量

流量变现，简单来说，就是积累用户流量来争取广告投放。比如，许多网红直播时会在直播页面放置广告的链接，各大直播平台也会利用各种方式在内容中植入广告，以引起广大用户的注意。

10.2.2 个人魅力＋粉丝：人气的来源

一般而言，网红和明星是最符合"个人魅力＋粉丝"的变现模式的。因为他们往往自身就带有强大的人气效应，走到哪里都会吸引大量的流量。当然，他们吸引流量不仅仅因为他们是名人，还取决于他们拥有的个人魅力。笔者将他们吸引粉丝的原因大致作了总结，如图 10-15 所示。

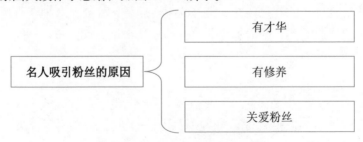

图 10-15　名人吸引粉丝的原因

当网红和明星做起了直播，那流量自然是"滔滔不绝"。虽然这样说有些夸张，但他们的影响力确实惊人。当然，也有因为直播而吸引众多用户关注的。举个例子，斗鱼直播平台有个人气很旺的游戏主播，他没有别的什么特殊的才能，但他游戏直播很用心，直播之前都用心准备，而且还形成了自己幽默的解说风格。由于他对电竞事业兢兢业业，终于收获了不少人气，平台上也拥有了 600 多万粉丝，如图 10-16 所示。

图 10-16　游戏直播的网红"芜湖大司马"

"大司马"的成功绝不是偶然，流量的变现也是需要个人和平台用心经营的，只有为用户提供优质的直播内容和良好的平台服务，才能长久地获得用户坚定不移的支持和追随。当然，个人魅力的培育需要从多个方面进行，不能一蹴而就，要时刻把握用户的心理。

10.2.3　特殊广告资源：节目和广告的完美结合

作为另一种与广告相关的流量变现模式——特殊广告资源的开发，其最常见于电视台。具体做法就是讲节目与广告高度融合，无缝连接，借此获得良好的宣传效果。其形式也是多种多样，如冠名广告、特约赞助广告、节目结尾 Logo、鸣谢字幕、演播室广告、节目内容广告、实物赞助等。

这些特殊广告资源的开发形式有效提升了品牌的知名度，并为品牌销量作出了一定的贡献，是一种十分高效的变现方式。如今很多直播也开始借鉴这种方法，如熊猫直播自制的综艺节目《来吃来吃大胃王》中，"味全活性乳酸菌饮品"就是其冠名商，如图10-17所示。

图 10-17　《来吃来吃大胃王》的冠名商是"味全活性乳酸菌饮品"

10.2.4　植入式广告：润物细无声的营销

不管是传统的电视用户，还是视频平台的用户，又或者是直播平台的用户，没有一个是不讨厌广告的。但广告植入又是视频直播平台的主要收入来源之一，作为盈利平台，它不可能丢弃这一模式。那么，视频直播平台所能做的，也只有想出各种方法来尽可能降低用户对广告的抵拒感。比如，可以通过互动的方式植入广告，而不是插入硬性广告。

例如，龙珠 TV 就选择在与观众互动的过程中播放广告，这样做有两个好处，一个就是减少用户对广告的厌恶感；另一个就是让不付费的用户也参与到平台的活动之中来。

近些年来，植入式广告一直活跃于各大综艺节目、电视剧、电影之中，取得了比传统的硬性广告更好的效果。笔者将植入广告的几大步骤做了大致的总结，如图10-18所示。

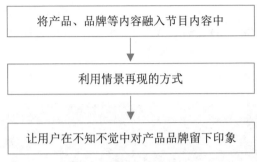

图 10-18 植入广告的步骤

直播平台也学到这种打广告的方法，从而达到营销的目的，实现流量的变现。

10.3 内容变现：内容为王

内容变现就是以内容卖钱，比如买会员，让用户享受特殊服务；直播间的打赏，让用户为主播的表现给出奖励；此外，还有版权销售、道具、付费观看等变现方式。

10.3.1 卖会员：以特殊服务获变现

会员是内容变现的一种主要方法，不仅在直播行业比较风行，而且在其他行业也早已经发展得如火如荼，特别是各大视频平台的会员制，比如YY、乐视、优酷、爱奇艺等。如今很多视频平台也涉足直播，于是他们将会员这一模式植入了直播之中，以此变现。

例如，直播界的一把手 YY LIVE 早就开启了会员模式，因此可以说它的会员模式是比较成熟的。下面就来一起看看用户开通会员后，到底能享受哪些会员级的待遇呢？

1. 今日礼包

YY 会员的今日礼包有三种类型，一是会员每日礼包，价值 5 元；二是新开会员礼包，价值 26 元；三是金钻每周礼包，价值 20 元。如图 10-19 所示，为今日礼包的具体内容。

图 10-19　YY 会员今日礼包

2. 最新活动

其内容会按照时间更新，2017 年 7 月的最新活动有：会员福利社、今日特价靓号、紫钻挖宝藏、V 卡商城、超级星期三、摇摇乐等，如图 10-20 所示。

图 10-20　YY 会员最新活动

3. 最新活动

主要有靓号特权、装扮特权、功能特权、频道特权，如图 10-21 所示。

图 10-21　YY 会员特权（1）

除此之外还有等级特权、在线状态特权、炫耀特权、基础特权、实用特权、PK 模板特权，如图 10-22 所示。

图 10-22　YY 会员特权（2）

直播平台实行会员模式与视频平台实行会员模式有许多相似之处，其共同目的都是为了变现盈利。那么会员模式的价值到底体现在哪些方面呢？分析如下。

（1）平台可以直接获得收益。

（2）直播平台的推广部分依靠会员的力量。

（3）通过会员模式可以更加了解用户的偏好，从而制定相应的营销策略。

（4）会员模式可以使用户更加热衷直播平台，并养成定期观看直播的习惯。

平台采用会员制的原因在于主播获得打赏的资金所占比例较高，一定程度削弱了平台自身的利益，而会员模式无须与主播分成，所以盈利更为直接、高效。

同时，直播内容对会员模式又具有反作用力，大部分用户观看直播关注的是内容而不是平台，因此直播平台的用户数量不是很稳定。这是直播平台实行会员制的最大问题。有很大部分用户都是跟着主播走的，如果主播在斗鱼直播，那么用户就会在斗鱼开会员；如果主播转到虎牙直播，那么用户也会跟着跑到虎牙直播开会员。这样的话，直播平台根本就不占优势。

▶ 专家提醒

因此，各大直播平台都在努力发展直播内容，希望凭借内容而不单单是网红或者明星取得用户的信赖。熊猫直播在这方面值得各大直播平台借鉴，它联合芒果 TV、腾讯视频等视频平台，充分利用二者的资源自制节目，并开通 ipanda 频道，借助优质的内容吸引用户开会员。

10.3.2 打赏：全凭用户喜好来决定

打赏这种变现模式是最原始也是最主要的，现在很多直播平台的盈利大多数还是依靠打赏。所谓打赏，就是指观看直播的用户通过金钱或者虚拟货币来表达自己对主播或者直播内容喜爱的一种方式。这是一种新兴的鼓励付费的模式，用户可以自己决定要不要打赏。如图 10-23 所示，为用户给主播打赏。

图 10-23 用户给正在直播的主播打赏

打赏模式虽然才兴起不久，但也经历了一定的发展历程。下面将打赏功能的发展历程总结为三个阶段，如图 10-24 所示。

图 10-24 打赏功能的发展历程

打赏已经成为直播平台和主播的主要收入来源，与微博、微信文章的打赏相比，视频直播中的打赏来得更快，用户也比较冲动。给文章打赏，是因为文章引起了用户的情感共鸣；而给直播打赏，有可能只是因为主播讲的一句话或者主播的一个表情，一个搞笑的行为。相比较而言，视频直播的打赏缺乏一定理性。同时，这种打赏很大程度上也引导着直播平台和主播的内容发展方向。

10.3.3　付费观看：内容优质的变现

付费观看这一模式常用于视频网站、音频平台，如被人熟知的喜马拉雅 FM 中就专门开设了一个付费栏目，各大名家的节目被其收录，用户要先付费才能收听。此外，现在很多优质音乐也需要通过付费的方式才能收听。

直播虽然还没有将这一模式发展得炉火纯青，但也开始向这方面靠拢。如手机摄影构图大全就"如何用手机拍大片"这一主题开启了付费式的直播，如图 10-25 所示。

当然，直播如果想把付费观看这种变现模式发展壮大，其基本前提就是要保证直播内容的质量，这才是内容变现最重要的环节要素。

图 10-25　付费观看

10.3.4　版权销售："大块头"变现

版权销售这一内容变现模式也大多应用于视频网站、音频平台等领域，对于直播而言，主要就在于各大直播平台在精心制作直播内容时引进的各种优质资源，比如电视节目的版权，游戏的版权等。

例如，2017LPL 全赛季的版权由全民直播、熊猫直播、战旗直播三大直播平台获得，而斗鱼直播和虎牙直播只得到了常规赛周末赛事的部分版权。如图 10-26 所示。

LPL全赛季赛事内容：

LPL常规赛周末赛事额外观看渠道：

LPL季后赛额外观看渠道：

图 10-26 各大直播平台获得版权情况

作为直播行业中势头发展一直稳健的游戏直播来说，各大赛事直播的版权都是十分宝贵的，不亚于体育赛事的直播。因为只要谁拿到了版权，就可以吸引无数的粉丝前来观看直播，而且赛事的持续时间较长，可以为直播平台带来巨大的收益。

10.3.5 "吃播文化"：美食的变现

通过直播吃美食的方式进行营销已经不是一件新鲜事了，2016 年开始"吃播文化"就已经在直播界掀起了一股狂潮。各路吃货纷纷使出大招，吸引用户注意。主播一边吃着超出常人份额的食物，一边对食物作出点评，从而为用户提供建议。

例如，美拍上出现了一位可与火遍全球的"大胃王"木下君相媲美的美食主播"密子君"。她凭借可爱的外貌和声音赢得了不少粉丝的青睐，而她在直播平台参加"百人生撸白米饭"活动的表现也使很多网友感到惊讶，那天吃的大米品牌也成了百度热搜词。据悉，密子君已经接到了不少商家的邀请进行吃播推广，而这种以"吃秀"为主要形式的变现策略也是一种相当有潜力的发展方向，值得大力推广。

10.3.6 道具：引人心动的变现模式

对于游戏直播而言，道具是一种比较常见的盈利模式。与视频平台相比，游戏用户更愿意付费，因为游戏直播的玩家和用户群体的消费模式类似，观看的时候免费，但如果要使用道具就需要收费。

道具收费还分为各种不同类型，笔者将商城里出售的一般的游戏道具总结为以下三种，如图 10-27 所示。

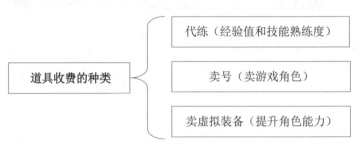

图 10-27 道具收费的种类

以战旗直播为例，其中有很多有趣的道具，而且用户都比较喜欢。战旗直播的道具主要有猴子、宝剑、999 玫瑰、幸运礼物、666 等，如图 10-28 所示。

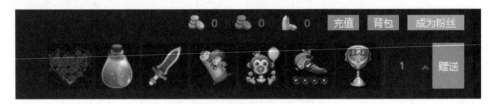

图 10-28 战旗直播的各种道具

直播可以激发游戏玩家购买道具的欲望，因为道具收费本来就是游戏中传统的收费模式，但如今通过直播的方式直接为用户呈现使用道具玩游戏的效果，就会给用户带来一种更直观的感受，让他更愿意去购买道具，而不是像以前那样顾虑道具是否物有所值。

10.4 流量 + 内容：新的开始

流量 + 内容的变现模式是如今直播变现中最有潜力的一种模式，它比较符合经济发展的趋势，同时又能为用户提供服务体验。本节具体介绍这种变现模式的影响及前景。

10.4.1　含义：服务的"变身"

流量＋内容变现即服务变现，举个例子，比如游戏直播，用户观看主播打游戏时，游戏无意中就变成了广告的载体，这种方法针对性较强，而且是很精准的。流量＋内容的变现，简单地说，就是将广告植入游戏内容之中，做到内容与广告无缝连接，相互融合。

特别是电商直播，多数通过流量＋内容的模式变现。网红直播教授用户一些化妆、服装搭配的技巧，然后推荐实用的产品，这样不至于引起用户太大的反感。从某种程度上看，网红与用户、电商匹配也可以算得上是一种服务。

10.4.2　影响："挑战＋希望"

流量＋内容的变现模式为直播的变现开启了一道新的大门，使其向更加专业的方向不断发展进步，这也是直播变现的必然趋势。当然，这种模式对于各方面要求都很高，对内容、主播、平台三者来说都是一个巨大的挑战。但是这种模式给直播带来的影响将会是不可估量的。

10.4.3　玩法：以变现为目的

这种模式的玩法很多，但在使用之前，必须明确两个问题：一是直播是内容，二是变现是本质。笔者将玩法总结为以下几种。

（1）网红经济：网红的出现引发了网红经济这一新型变现手段的出现。

（2）即时经济：加强用户参与感，同时发送优惠券，推行限制活动等。

（3）线下展示：线下活动与线上直播间联手，打破线下活动的区域限制。

（4）专题系列：在直播中专门讲解产品的相关知识，在学习之余进行购物活动。

10.4.4　展望：不断的完善

随着直播变现模式的不断发展，流量＋内容的变现模式会有更加完善的体系，尤其是"直播＋电商"的模式也会发展壮大。其前景如图 10-29 所示。

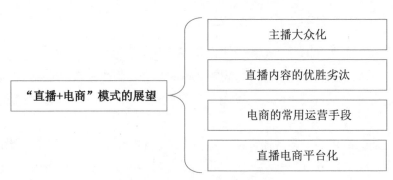

图 10-29　对"直播 + 电商"模式的展望

第 11 章

误区：这些雷区要注意

随着直播行业的深入发展，直播的内容也越来越广泛。但在进行直播时，难免有时走入误区，误区并不可怕，可怕的是连误区在哪里都不知道。本章将带领大家一起了解直播界存在的误区，帮助大家积极采取措施避免踏入误区或者陷入风险之中。

学前提示

要点展示

▶ 误区：一入误区深似海
▶ 痛点：抓住痛点明问题
▶ 价值观：三观不正成歪风
▶ 策略：内容技术齐上阵

11.1 误区：一入误区深似海

虽然直播营销能给直播平台和主播带来很多利益，但同时在直播营销的过程中也存在着各种误区，了解和认识这些误区，避免陷入误区，才是正确进行直播营销的可行之道。

11.1.1 依赖三方：多重隐患不对口

很多企业因为看准了第三方直播平台用户数量多，流量大的优势，所以常常借助泛娱乐直播平台进行直播营销。实际上这种做法是非常不可取的，因为对于企业而言，这些第三方直播平台的用户与企业并不完全对口。

因此，企业在诸如花椒、映客等直播平台进行直播的话，换来的只是表面上的虚假繁荣，犹如"泡沫经济"，并不能获得营销的最优效果。此外，网络环境也是利用第三方直播平台进行直播应该考虑的一个问题。一般大型发布会现场的网络信号时常不稳定，而移动网络就更不用说，这将会严重损害用户的观看体验。

因此，企业在利用直播宣传时，可以通过与专业的直播平台展开合作，充分利用其成熟的技术，就能解决直播中卡顿的问题，让直播更加顺畅。以乐直播为例，其在直播时采用了三大技术，解决了网络不流畅的问题，如图 11-1 所示。

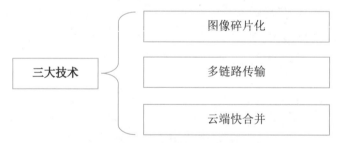

图 11-1 乐直播的三大技术

11.1.2 自建平台：成本高性价比不高

有些企业会为了营销而自建直播营销平台，这虽然保证了受众的精确度，但增加了营销成本，不是最佳选择。

其实，如今成熟的视频直播解决方案平台已经在市场上崭露头角，他们可提供专业的帮助，比如乐视云投资的乐直播。它的优势就在于能够按照企业自身的特点和需求，量身定制视频直播方案，完全不需要企业多花时间。而且，乐直播已经与汽车、房地产、互联网、公益、家具等行业有过合作经验。比如与融恩、富力等地产商合作举办直播发布会，这些单个视频直播合作项目的费用很实惠。与企业自建视频直播平台相比，显而易见成本更低，效果更好，性价比更高。如图 11-2 所示，为乐直播的官网。

图 11-2　乐直播的官网

11.1.3　盲目从众：赶时髦式的玩直播

视频直播不仅仅是一个风靡一时的营销手段，还是一个能够实实在在为企业盈利的优质平台。当然，企业要注意的是，不能把视频直播片面地看成是一个噱头，而是要大大提高营销转化的效果。

特别是对于一些以销售为主要目的的企业而言，仅仅利用网红打造气势，还不如直接让用户在视频直播平台中进行互动，从而调动用户参与的积极性。

比如乐直播联合家具行业的周年庆进行直播，用户不仅可以在微信上直接观看直播，并分享到朋友圈，还可以在直播过程中参与抽奖。这种充满趣味性的互动，大大促进了用户与品牌的互动，从而转化为购买力。

11.1.4　擅自经营：直面违规查处风险

当下网络视频直播大热，各种直播经营者一拥而上，面对着直播行业巨大经济利益的诱惑，许多经营单位未经许可就擅自经营网络表演等业务。

这在法律上来说，已经涉及违规经营和超范围经营，按照相关法律法规，文化部门和工商部门都有权对其进行查处。

而造成这种擅自经营现象随处可见的原因是什么呢？笔者将其总结为三点，如图 11-3 所示。

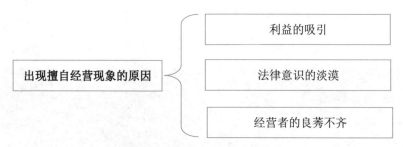

图 11-3　出现擅自经营现象的原因

11.1.5　非法侵扰：他人镜头下的风景

在直播内容方面，存在侵犯他人肖像权和隐私权的问题。比如一些网络直播将商场、人群作为直播背景，全然不考虑被镜头拍摄的人是否愿意上镜，这种行为极有可能侵犯他人肖像权和隐私权。

自从视频直播逐渐渗入人们的日常生活，用户已经没有隐私可言，反倒很容易成为别人观看的风景或他人谋利的工具。用户可以通过"俺瞧瞧""360 水滴直播"等直播平台，观看不同地方的路况、商场等场景，甚至连生活场景都可以观看。

隐私权的关键有两方面，第一，隐私权具有私密性特征，权利范围由个人决定；第二，隐私权由自己控制，公开什么信息全由个人决定。

当我们处在公共领域中时，并不意味着我们自动放弃了隐私权，可以随意被他人上传至直播平台。我们可以拒绝他人的采访，也有权决定是否出现在视频直播之中，因为我们在公有空间中有权行使我们的隐私权。因此，直播的这种非法侵权行为是法律禁止的。

11.1.6　逃税暗礁：个税缴纳不能忘

视频直播行业利润的丰厚是众所周知的。很多主播也是看中了高收入，才会蜂拥而上。

据说人气火爆的主播月薪上万很普遍，再加上直播平台的吹捧，年薪甚至会达到千万。虽然笔者没有从事这个职业，也不敢确定这个数据是否真实，但就算将这个数据减掉一半，那也是相当可观的。

这样可观的收入就涉及缴税的问题，比如与直播中的主播类似的明星也会出现逃税的问题。逃税也可能会构成刑事犯罪，如果主播逃税，不仅是对其自身，而且对整个直播行业也会造成极其恶劣的影响。

11.2 痛点：抓住痛点明问题

视频直播的痛点同时也是应注意的要点，从内容、资本、结构、受众、运营等各个方面都要注意妥善经营，朝着正确的方向向前发展才是可行之道。本节将主要介绍这几个方面的痛点，希望引起注意。

11.2.1 低俗倾向：随时可能被"封杀"

虽然网红等人物 IP 拥有很强的吸金能力，但其最明显的痛点就是随时可能遭遇封杀的低俗文化倾向。

2016 年，网红的火爆引起政府部门的严重关注，他们进一步加强了对网络直播平台的管理。同时，文化部也针对主流直播平台进行彻底检查，查封了其中的涉嫌提供包含宣扬淫秽、暴力、教唆犯罪等内容的互联网文化产品。

同时，文化部还下发了《关于加强网络表演管理工作的通知》，主要内容如图 11-4 所示，相关从业者很有必要去了解其中的详细内容。这个通知的推出，可以有效加强网络表演的管理，使网络文化的市场秩序更加规范。

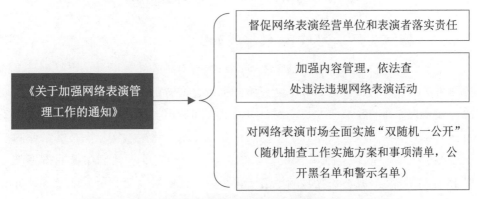

图 11-4 《关于加强网络表演管理工作的通知》的主要内容

因此，各个直播平台以及网络表演的相关企业都要加强自身的管理，打造合法的内容、有序地经营，为用户带来更多拥有正确价值观的产品和服务。

11.2.2　运作模式：同质化易导致审美疲劳

互联网上的内容平台虽然很多，但其运营模式和内容形式大同小异、千篇一律，同质化现象十分严重，这样容易让观众产生审美疲劳。在人物 IP 尤其是网红市场中，同质化竞争的表现主要体现在内容层次方面，典型特点是同一类型的直播内容重复，而且内容替代性强。也许你今天红了，明天就很快被别人复制并取代了。

因此，直播平台或企业在做 IP 内容营销时，不能一味地模仿和抄袭别人用过的内容，必须学会发散思维，摆脱老套噱头模式。我们可以从生活、学习、工作中寻找发散思维，这样才能制作出有持续吸引力的内容。当然，随着 IP 市场的进一步成熟，会出现更多优质的原创内容，这也是市场发展的大趋势。人物 IP 必须持续地生产内容将 IP 衍生到各个领域，这样才可以实现更多渠道的流量变现，也才能拥有更强劲的生命力。

11.2.3　资本介入：影响 IP 内容创作的风格

网红直播市场引来了大量的资本关注和资金注入，这虽然为市场发展提供了强大的动力，但资本一般会对被投资人有一定的要求，这对于 IP 的内容创作也形成了一定的影响和制约。

因此，我们可以尽量寻找与自己内容观点相符合的投资商来合作，这样才能在内容中更好地体现出个人、产品、企业或品牌的内涵特点。

11.2.4　粉丝维护：受众群体转移成本变低

随着移动互联网的发展，每个人可能都拥有不同的社交平台、直播平台以及各种新媒体平台的账号，同时也会在不同平台之间游走。例如，对于直播主播来说，直播的时间一般不会太长，用户可以非常随意地打开一个网页平台，或者关闭一个网页平台。这也意味着，主播的受众群体的转化成本实际上是非常低的。在这种情况下，对于人物 IP 来说，要维护好一个稳定的粉丝群体就变得更难。由于受众群体转移成本在互联网中会变得很低，他们可以随心所欲地换各种自己喜欢的平台或内容，也许会被其他平台的内容所吸引，而抛弃以前关注的对象，这对于 IP 来说就容易出现粉丝的流失。

因此，直播平台或企业在进行 IP 营销的过程中，可以通过微博、微信等社交媒体与粉丝进行深度互动，让他们在这个平台上投入一定的时间和精力，付出更多的成本，这样他们在转移时也会考虑这个转移成本的问题。

11.2.5　运营监管：难度和成本大大增加

随着网络视频直播的不断发展，泛娱乐直播模式发展得越来越完善，模式的完善带来了内容的不断丰富，同时也使一些不健康的内容乘机流出。近几年对直播的负面报道偏多，这导致直播平台方不得不加大力度对直播内容进行整顿和监管。

但由于直播内容之宽泛、直播涉猎领域之广泛，再加上直播中的一些"灰色边缘地带"的存在，使直播平台方对其运营监管感到有些力不从心，其运营监管的成本也成为一大难题。

但是为了将视频直播平台打造成一个绿色、健康、充满正能量的直播平台，平台方必须针对直播的各个方面，事无巨细，一视同仁，积极制定相关措施，为用户提供一个舒适、健康的网络环境。

11.2.6　IP 保护：著作权争议不断

网络直播的市场越来越大，这其中资本的鼎力支持很关键，可以说网络直播的投资就是一场"烧钱大战"。同时，资本融资也意味着企业对人气 IP 即将展开争夺。

但是，目前我国司法界对于网络直播节目是否具有著作权，存在较大分歧，因为这其中涉及独创性的问题。

以网络游戏直播类节目为例，首先，我国目前的法律没有对独创性作出明确的规定，司法上对直播节目是否具有独创性也具有争议。其次，网络游戏直播可以分为两种类型：一是主播自己录制的网游直播节目，二是大型电子竞技比赛直播节目。这二者在权利属性上有所不同，因此在保护方式上应该有所不同。

那么应该怎样保护不同类型的直播视频呢？这应该根据独创性的高低分别保护。由于制作大型电子竞技赛事直播节目一方面需要原创，又极其复杂，另一方面具有重要的产业价值，因此应将其归为作品类型进行保护；而游戏主播、玩家自制的网游直播没有太大的独创性，仅为对游戏视频的客观解说，不能构成作品，因此应归入录音、录像制品类型。

11.2.7　自采内容：新战地的舆论洪流

在微博、微信推出短视频功能的热潮之后，"一下科技"（拥有秒拍、小咖秀）上线新应用"一直播"平台，并积极联手新浪微博平台，用户可以直接在微博上观看"一直播"的直播节目，还可与主播进行互动、为主播打赏等。媒介技术的进步一方面降低了技术门槛，另一方面也给用户自发生产内容提供了更大的空间，并且很好地引起了草根成为主播的兴趣，激发了普通人追梦的热情。

然而，我国在 2005 年公布的《互联网新闻信息服务管理规定》中明确规定，非新闻单位依法建立的综合性互联网站不得登载自行采写的时政类新闻，只能转载规范新闻。

当视频直播涉及时政内容时，就会与现有规定产生冲突，造成不良影响。如果网络视频直播平台利用自采内容进行新闻直播，不仅与我国新闻行业的相关规范相违背，还可能会形成舆论洪流，影响社会热点问题的正确分析。

此外，因为文字监控技术已经比较成熟，所以视频最容易成为新的舆论战地。而事实也证明确实如此。许多充满舆论的事件源头，其实都是来自普通人发布的短视频或直播。在这样的形势下，从文字到截图发展到视频内容将是舆论形式发展的必然趋势，而且在目前监控视频内容不是十分便捷的情况下，这将会给网络内容监管带来新的挑战。

11.3 价值观：三观不正成歪风

在进行直播运营时，传递出来的价值观能体现一个直播平台的优劣与否。特别是视频直播平台中的很多主播传递出了错误的价值观，给社会带来了不良的影响。

11.3.1 粗俗：粗俗不堪难长久

粗俗的意思是指一个人的举止谈吐粗野庸俗，如"满嘴污言秽语，粗俗不堪"。也许，你可以靠"俗"博得大家的关注提升名气，但难以得到主流社会的看好，而且存在很大的问题和风险。

因此，直播平台、产品、企业或品牌，都应该努力传递主流价值观，做一个为社会带来正能量的人。比如，我们可以借助互联网，多参与一些社会慈善和公益活动，打造一个助人为乐、传递正能量的 IP 形象，在互联网内容中要坚守道德底线并多弘扬社会道德，引导正面舆论，帮助广大网民树立正确的世界观、人生观和价值观。

11.3.2 拜金：盲目拜金陷沉沦

拜金主要是指崇拜金钱。当然崇拜金钱并没有错，商业社会中的人都以赚钱为目的。不过，如果你唯利是图，什么事情都想着赚钱，不择手段且盲目地追求金钱，这就是一种极端错误的价值观。

耶稣说过："一个人赚得整个世界，却丧失了自我，又有何益？"因此，我们在打造IP时，切不可盲目崇拜金钱、把金钱价值看作最高价值，必须做到"拒绝拜金，坚守自我"的心态。

11.3.3 物欲：一味追求丧本心

除了拜金外，物欲也是人物IP一种错误的价值观。物欲是指一个人对物质享受的强烈欲望，在这种欲望的驱使下，可能会作出很多错误的事情。《朱子语类》中曾说过："众人物欲昏蔽，便是恶底心。"说的就是那些疯狂追求物欲的人，他们的心灵必定会空虚，而且会经常作出一些荒唐的事情，最终只会让自己变成一个虚有其表、华而不实的人。

因此，打造直播内容时应该使物质和精神追求相辅相成，多注重精神层次和幸福感，不能一味地追求物欲，否则你很容易被它牵着鼻子走。

11.4 策略：内容技术齐上阵

既然了解了直播中存在的这么多误区，那么我们应如何避免走入误区呢？本节将从技术、规章、内容等方面告诉大家规避误区的策略。

11.4.1 "直播＋人工智能"：打破瓶颈

"直播＋人工智能"的出现，极大提高了用户的直播体验。花椒直播首次推出的机器人直播吸引了200多万用户观看，累计一小时的直播获得了价值约120万元的打赏礼物，效果可谓惊人。

为什么用户对人工智能如此感兴趣？可能直播内容的同质化已经使广大用户感到厌恶，而"直播＋人工智能"的形式让人们眼前一亮。试想，观看机器人进行才艺表演，与机器人进行交流互动是不是很新鲜呢？毕竟大部分用户没有与机器人互动的亲身体验，而"直播＋人工智能"则提供了这个机会。

通过技术改善用户体验，直播平台突破内容同质化，从直播行业中"突围"显然是应对直播危机的一个明智之选。而今后直播平台的竞争也会以技术创新为核心。

11.4.2　内容和渠道创新：解决策略

事实上，直播不能成为一种独立的商业模式，它只是一种工具，必须与其他内容、渠道相结合，才能展现出自身的无限魅力。而直播平台最需要做的就是利用各种办法吸引用户，并从用户身上获取长期的价值。

那么直播平台应该如何吸引用户的注意力呢？笔者将策略总结为三点，如图 11-5 所示。

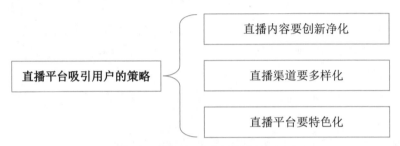

直播平台吸引用户的策略

- 直播内容要创新净化
- 直播渠道要多样化
- 直播平台要特色化

图 11-5　直播平台吸引用户的策略

直播行业的竞争越来越激烈，要想在其中生存下来，并不断发展壮大，就应该从内容、渠道等方面创造优势，营造强大壁垒。

11.4.3　"直播 + 垂直领域"：边路突破

网络直播行业的发展速度之迅速已经远远超过了人们的预期，而直播内容的边缘化现象也是层出不穷。文化部对于这种情况已经制定了相应的监管措施，这也意味着直播平台"擦边球式"的直播时代已经过去，而各种"直播 + 垂直领域"模式的出现，则表明新一轮的直播大战即将开始。

实际上，直播与垂直领域的结合本来就是大势所趋，是用户需求所决定的。一个直播平台想要长久地留住用户，增强用户的黏性，就一定要提高直播内容的专业性。当然，垂直领域与直播的结合也有难度，与单纯靠颜值、才艺吸引用户的主播不同，"直播 + 垂直领域"对主播的要求更高，主要是在专业知识方面要有过硬的本领，这样才能吸引用户，并让用户转变为"铁杆粉丝"。

跨界融合是直播行业不断向前发展的必经之路，也是比较具有潜力的发展方向，如今，各大直播平台已经陆续推出了"直播 + 医疗""直播 + 旅游""直播 + 电商""直播 + 体育""直播 + 游戏""直播 + 发布会""直播 + 选秀""直播 + 演唱会"等，而在以后，还会有更多的"直播 +"模式不断上线。而这对于直播行业来说，确实是可行之道。

11.4.4 "直播+传统文化"：内容突破

传统文化本身存在巨大的传承意义和经济变现的价值，而将其与如今火热发展的直播平台相结合，形成"直播+传统文化"的模式，则会给广大用户带来优秀传统文化的直观感受。这一突破对于直播行业来说，是内容的深化和净化；对于传统文化来说，则会使其变得更加区域化、平民化、实用化。可以说，"直播+传统文化"是一次极其有意义的尝试。

当然，传统文化直播的发展也存在不少问题，比如现在直播平台的受众大多为年轻群体，他们对传统文化的产品了解较少，一时之间很难对其产生强烈的兴趣。而且，这种文化类的企业很难在短时间内获得巨大的利益，故而投资人在选择投资时会慎重考虑。

即便如此，还是有人在坚持传统文化直播平台的创建，比如"小在开播"就是这样一个传统文化直播平台，它很有可能为直播行业带来的新的传播模式和盈利模式。

11.4.5 规章的制定：从根源上整顿治理

2016年4月13日，为了整治网络直播的不正之风，还网络视频直播一片绿色的天空，北京文化执法总队举行了北京市网络表演（直播）行业自律公约新闻发布会。与会企业包括：新浪、百度、搜狐、优酷、爱奇艺、酷我、花椒、映客等，在此次新闻发布会上，这些企业代表人一起发布了《北京网络直播行业自律公约》。其主要内容大致包括六点，如图11-6所示。

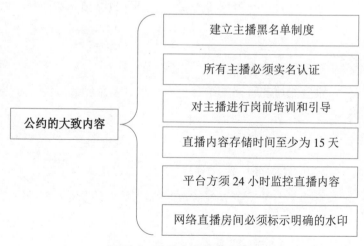

图 11-6 公约内容的六个方面

这份公约制定了详细的规章制度，涉及直播内容的各个方面，作为直播平台的运营者，在平台运作时应严格遵守相关规定，努力打造一个健康向上的直播平台。

11.4.6　技术手段的监控：一改直播风气

对于一个视频直播平台来说，涉黄、涉毒、涉赌的内容都属于违法内容，都有一定的风险。那么直播平台的经营者应该如何有效避免直播平台出现这些内容，规避风险呢？这就需要借助技术手段的监控和预警了。

比如，国内知名云计算机 UCLOUD 已经针对网络直播的不良内容推出了云直播 ULive 鉴黄功能，能够对复杂的网络内容进行高效率自动识别，精确度可达到 99.5%。不光是直播平台方可以运用这项技术对直播平台进行有效监管，而且直播用户也可以使用该项功能。

为了打造一个健康、绿色、合法的网络直播平台，仅靠自律是远远不够的，只有先进的技术手段才能有效监管网络直播内容，消除网络直播中的不良之风。目前，各大网络直播平台已经纷纷开始对直播内容进行监管和整改，整体情况得到了一定的好转。相信随着技术手段的不断革新和普及，网络直播的内容将会不断净化，直播行业将会迎来一个美好、健康的未来。

11.4.7　规避的内容：时刻关注冷静思考

直播行业虽然是一种网络文化的传播模式，但它也应承担一定的文化职责。同时文化部应对其严加监管，那么，应该如何打造一个具有发展前景的视频直播平台呢？笔者将需要规避的问题总结为三点，如图 11-7 所示。

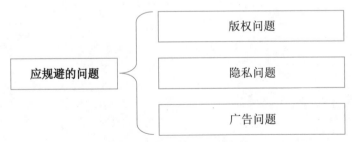

图 11-7　直播行业应规避的问题

每一位视频直播平台的运营者都应该时刻关注、冷静思考这些应该规避的内容，只有及时关注动态，才能有效规避这些问题，从而保证直播平台不断向前发展。